国家精品在线开放课程配套教材

创业3+3

THREE ISSUES
& THREE TOOLS

从0到1
注入创客思维

沈毅 主审
尹胜君 李岳 主编

電子工業出版社
Publishing House of Electronics Industry
北京 · BEIJING

内 容 简 介

本书是国家精品在线开放课程“创业 3+3”的配套教材，以蒂蒙斯创业过程三要素模型“创业者”“商机”“资源”作为教材的内容主线，并引入“复盘”。本书通过讲述个人商业模式画布，明确“创业者”首先要从 9 个方面了解自己；通过讲述寻找“商机”，鼓励创业者立足所学专业，结合国家战略布局，通过精益创业的方法，创造出满足用户需求的产品或服务；通过讲述创业“资源”，介绍融资和创办新企业的方法和技巧；通过讲述以学习为导向的结构化总结工具——复盘，让终身学习的理念落地。

本书既是一本面向大学生的创业基础类通识课的教材，又是一本创新创业的工具书，可供有创业意愿的读者参考。

图书在版编目（CIP）数据

创业 3+3/ 尹胜君，李岳主编 .—北京：电子工业出版社，2019.9
ISBN 978-7-121-36500-3

Ⅰ.①创…　Ⅱ.①尹…②李…　Ⅲ.①创业－教材　Ⅳ.① F241.4

中国版本图书馆 CIP 数据核字（2019）第 089268 号

责任编辑：章海涛　　　文字编辑：刘　瑀
印　　刷：北京缤索印刷有限公司
装　　订：北京缤索印刷有限公司
出版发行：电子工业出版社
　　　　　北京市海淀区万寿路 173 信箱　邮编：100036
开　　本：720×1000　1/16　印张：15　　字数：240 千字
版　　次：2019 年 9 月第 1 版
印　　次：2019 年 9 月第 1 次印刷
定　　价：69.90 元

凡所购买电子工业出版社图书有缺损问题，请向购买书店调换。若书店售缺，请与本社发行部联系，联系及邮购电话：（010）88254888，88258888。

质量投诉请发邮件至 zlts@phei.com.cn，盗版侵权举报请发邮件至 dbqq@phei.com.cn。

本书咨询联系方式：liuy01@phei.com.cn。

本书编写组

主审　沈　毅

主编　尹胜君　李　岳

参编　刘宏伟　于　游　战德臣　邢朝霞
孟晓辉　孙长彬　付梓航　由鸿铭
郑　超　赵卫晨　邱　微　李佳杰
李　想　于振洋　董美含　强岳昭

推荐序

“创新创业”是实现中华民族伟大复兴的重要要求，而开展创新创业教育是推动这一要求落地生根的重要举措。目前，全国高校创新创业相关课程达 2.3 万多门，教师超过 2.6 万人，但大多数课程设计难以满足学生的需求。理想的创新创业教师应该是“你要学，我也学；你想干，我撑腰；你发展，我加持，给学生‘好友式’辅导”。尹胜君老师从事创新创业教育一线工作 10 余年，不仅在讲“创业”，也在通过课程引导学生把国家战略需求与自身成长需求相结合，进而设计出“创业 3+3”课程与配套教材。

第一次看到“创业 3+3”课程是在 2017 年，我作为一次创业类慕课立项的评审，尹老师的“创业 3+3”课程在众多课程中脱颖而出，被推选出来。当时评委们认为课程不仅在讲创业的知识、技能，更在做思想引领，拓展了学生的视野和格局。两年多来，课程还在不断迭代，如今配套的教材也已出版，我看到一名青年教师的成长。

这本教材的结构十分清晰，应用蒂蒙斯创业过程三要素模型形成了内容主线，将创业者、商机、资源作为 3 个章节内容，并引入“复盘”鼓励学生终身学习，具有清晰的逻辑框架和内容框架。

丰富而接地气的案例也是亮点之一，教材多维度选取创业案例，帮助学生理解如何从创意到创新、创造，以及创办企业的全过程，引导学生理解“要有家国情怀地去开创事业”。

这本教材注重实用性，引入“3 个工具”破解创业“3 个问题”。经过大量企业调研，总结出目前企业中常用的 3 个工具，即“个人商业模式画布”“精益创业”“复盘”，来破解学生在创业过程中疑惑的 3 个问题：“我能创业吗？”“我怎么创业？”“我在创业中能提升什么？”鼓励学生在“做中学”。

长期接受学生检验的课程是教材编写的基础，教材又是课程学习最好的补充与辅助，课程与教材交相呼应，期待更多读者能有所收获，大学生创业工作在于教育，教育在于点燃，希望通过创新创业教育点燃更多前行的学生，乘风而起，与大国同梦。

教育部首届创业教育指导委员会副主任委员

KAB 创业教育（中国）研究所所长

中国青年政治学院原副院长、教授

推荐序

从远隔大洋的硅谷，到近在咫尺的中关村，从惠普的精彩传奇，到大疆的迷人故事。创新和创业不仅是大众的希望和万众的梦想，更是充满活力和诱惑的沃土，是波涛起伏的海洋。

创新是创业的基础和前提，创业是创新的体现和延伸，创新创业是创新发展的重要抓手。“工欲善其事，必先利其器”，《创业 3+3》教材是国家精品在线开放课程“创业 3+3”的配套教材，以大学生创新创业面临的痛点和难点为抓手，围绕创业过程中的创业者、商机、资源 3 个话题构建了知识体系，引入复盘作为重要方法论增强创业的操作性和实战性。结合“AI+”的时代新趋势和“创新驱动发展战略”的政策大背景，利用创新思维方法，提高读者的商机识别能力、时局分析能力、沟通协作能力和批判性思维能力。

教材涉及“个人商业模式画布”“精益创业”“复盘”3 个实操工具，可以引导创业者，使其灵感和想法一步步落地，对于没钱、没资源、没团队、空有一腔创业热情的大学生而言，这是一本非常实用的工具书。对于没有创业意愿的同学，这本书也同样适用，因为人生本身就是一次创业过程，大学更是人生项目起步的阶段，创新创业教育更注重激励和引导学生走上自我发展之路，引导学生认识自我、发展自我，这也是教材的精妙之处。

发挥科技创新在全面创新中的引领作用，强调基于科学技术和时代发展的创新创业是这本教材的另一特点。教材探究创业活动的内在规律，为学生提供系统生动的创新基础和实践指引。“双创”聚众智、汇众力，利用“互联网 +”平台，促进新动能加快成长，是中国未来发展的巨大潜力所在。教材中通过大量的创业案例，引导读者在学习中领略创业的魅力与艰辛，让读者拥有广阔的视野与格局，鼓励读者通过拼搏实现人生价值，创造社会财富。

这本教材不仅着眼于讲授创业的方法与技巧，更致力于“培养什么样的人？为谁培养人？怎样培养人？”的根本教育问题，即培养勇于承担社会责任、顺应时代发展需求、致力于解决社会问题，同时兼具专业知识、创新能力、格局视野和高度社会责任感的青年英才。

从夜深人静之时思考，到晨曦微明之时起笔。抓住参加教指委会议前的短暂闲暇，写完这些粗浅的文字，意犹未尽。一流的学校、一流的专业、一流的学科，为的是一流人才的培养，而一流的教材自然是不可或缺的。当然，这一切更需要脚踏实地的一流的实践来体现。

哈尔滨工业大学经济与管理学院教授、博士研究生导师

前　言

近年来，党中央、国务院高度重视创新创业教育工作。在高校开展创新创业教育是落实国家“创新驱动发展战略”的有力举措，对于推动人才建设、适应新一轮科技发展与产业变革，以及国家实施稳增长、促改革、调结构、惠民生、打造经济发展新动能具有重要意义。随着双创时代的到来，创新创业教育在大学的普及具有特殊的内涵：引导学生强化“创业思维”，积极探索发现和解决人生发展过程中遇到的问题，实现个人价值、国家需求和社会利益的统一，帮助更多学生成为更好的自己，成为德、智、体、美、劳全面发展的社会主义建设者和接班人。

“如何做好创新创业教育”成为高校必须面对的挑战。为了进一步提升学生用创新思维解决问题的能力，本书从“3 个要素”和“3 个工具”入手，希望能成为大学生终身受用的“创新创业工具书”。

本书设置 3 个要素：创业者、商机、资源。

“创业 3+3”是在“创业基础”课程中发展而来的，每学期都做课程改进，应用蒂蒙斯创业过程三要素模型重构了课程，将创业者、商机、资源定为课程 3 个章节的内容，引入“复盘”帮助学生掌握终身学习的方法。第 1 章创业者，介绍创业者及创业团队是创业过程的主导者，明确创业过程是一种自我实现，创业的第一步就是要了解自己，了解自己的目标和期望。第 2 章商机，介绍商机是创业过程的核心要素，创业的核心是发现机会，并利用机会实施创业；结合“互联网 +”的机遇与挑战，介绍大学生应如何立足所学专业，了解国家战略布局与产业发展前沿，识别与评估市场机会，运用精益创业方法捕捉用户痛点，将商机转化为满足用户需求的产品或服务的解决方案。第 3 章资源，介绍成功的创业者能够较好地利用资源和充分地掌控资源，重点介绍如何融资、撰写商业计划书，以及如何吸引天使投资人等方面内容。在蒂蒙斯创业过程三要素模型中，创业是商机驱动型的，是由创业者和创业团队驱动的，创业者和创业团队能够创造性地使用资源。

同时，本书基于大学生的特点，多维度选取创业案例，包括在校大学生技术型创业案例、草根创业案例、创业大咖成长案例等，解读创业需要思考和经历的各个环节。

本书引入 3 个工具：个人商业模式画布、精益创业、复盘。这 3 个工具源于企业，也是重要的思维模型，不仅能够用于创办企业，在个人生涯发展中也十分实用。无论就业还是创业，每个人都要在未来的岗位中“开创事业”。

基于 3 个要素和 3 个工具，可以解决创业中的 3 个问题：“我能创业吗？”“我怎么创业？”“我在创业中能提升什么？”这 3 个问题是编者在哈尔滨工业大学（以下简称“哈工大”）从事创业教育工作十余年来，经常被学生问及的问题。

- 我能创业吗？

通过“个人商业模式画布”的绘制，帮助学生思考商业模式构成的 9 个要素，进而理解企业家的经营思维。

- 我怎么创业？

通过对“精益创业”方法的学习，使学生能够围绕用户需求“小步快走，迅速迭代”，用敏捷开发的思维来做项目、做产品。

- 我在创业中能提升什么？

通过引入“复盘”，使学生能够以学习为导向进行结构化的总结，实现从“0”到“1”的创新。复盘可以帮助学生不断地自我学习、终身学习。

在每期开课前的问卷调查反馈中，有半数以上的同学没有创业想法。开设“创业 3+3”课程、出版教材能给老师和学生带来什么帮助？能够对创业者有什么启发？这些一直是编者试图解决的问题。随着课程的迭代，在师生们的共同努力下，这些问题的解决方案逐渐清晰起来。

本书是国家精品在线开放课程“创业 3+3”的配套教材，这门课程已在“中国大学 MOOC”平台上线。经过近 10 年的师生共建，这门课程始终坚持以“学生为中心”，不断根据学生的反馈意见改进与完善。课前，了解学生对课程的期待与对创新创业的理解；课后，每完成 3 个学时的教学单元，就会收集学生对本单元课程的反馈，同时将学生的建议与意见融入下一个教学单元中，丰富教学内容。

“创业 3+3”课程是源于产业一线的，多年来，编者一直坚持带学生每年去企业调研、走访，去采访创业公司在实际中用到的创业方法。“创业 3+3”课程也是一个产品，通过迭代，不断地将课程作为产品去改进，既要满足用户（即学生）的需求，也要与产业一线对接，同时要符合高校培养人才的目标。因而，这门课受到了学生的广泛喜爱，成为哈工大学生“秒选”的课程，获批 2017 年度国家级创业类慕课建设立项（全国 20 门），获得 2018 年全国高等学校创新创业教育“精彩一课”一等奖（全国 10 门），入选 2018 年国家精品在线开放课程，编者以此课程参加卓越联盟青年教师教学创新大赛获得一等奖。

本书凝结了“创业 3+3”课程的精华，也是课程的有益参考和补充。在编写过程中，还要感谢两位 95 后学生的加入，他们分别是哈工大计算机学院的由鸿铭和中国农业大学的郑超，他们是本书的第一批读者，从读者和编者的视角为本书的出版做出了贡献。

限于作者水平及其他客观条件，本书尚有疏漏及不妥之处，敬请各位专家学者及广大读者批评指正。编者邮箱：shengjunyin@163.com。

编　者

2019 年 8 月

（编者公众号－名企微课）

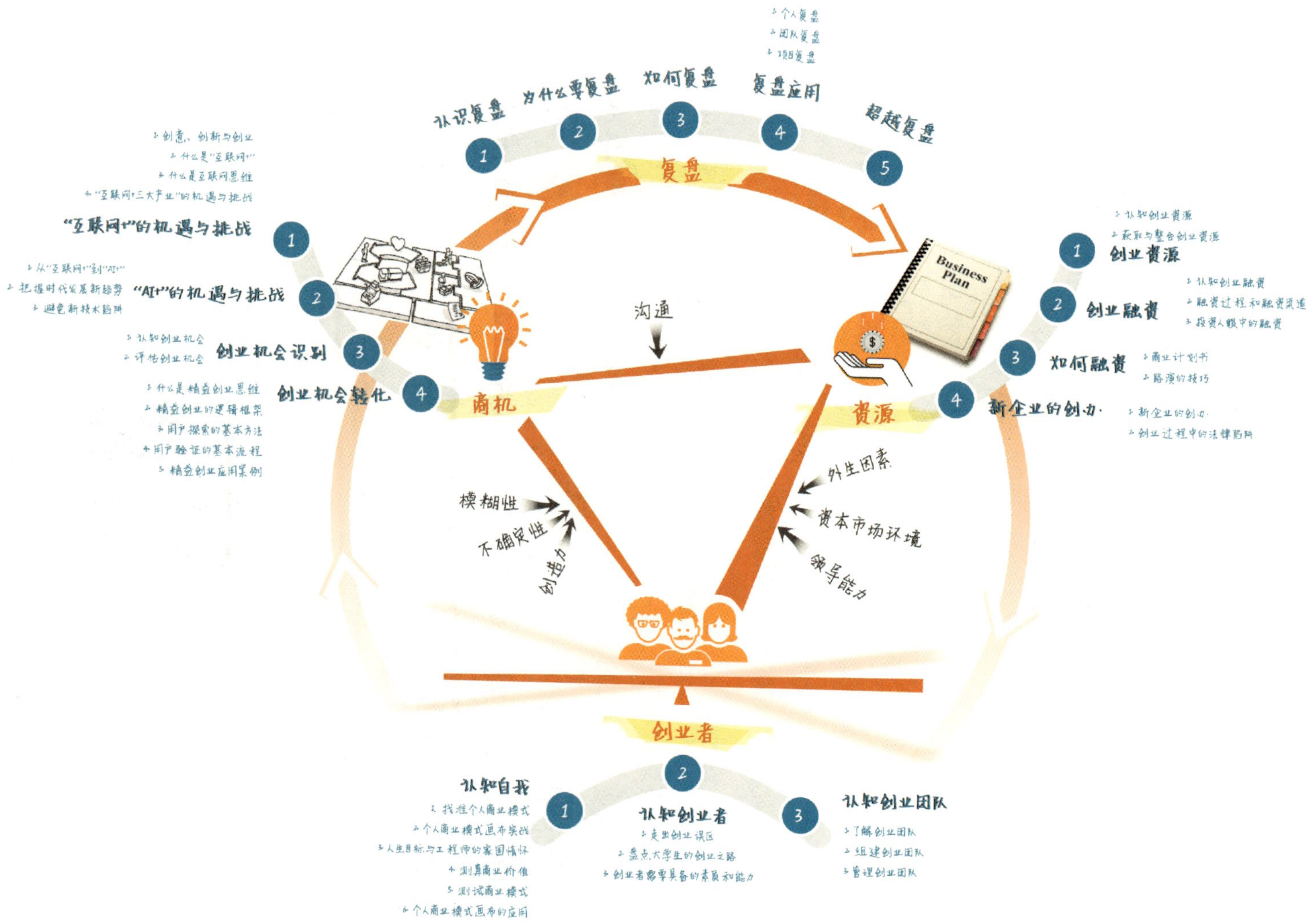
复盘
1 认识复盘
2 为什么要复盘
3 知何复盘
4 复盘应用
1 个人复盘
2 团队复盘
3 项目复盘
5 超越复盘
商机
1 “互联网+”的机遇与挑战
1 创意、创新与创业
2 什么是“互联网+”
3 什么是互联网思维
4 “互联网+三大产业”的机遇与挑战
2 “AI+”的机遇与挑战
1 从“互联网+”到“AI+”
2 把握时代发展新趋势
3 避免新技术陷阱
3 创业机会识别
1 认知创业机会
2 评估创业机会
4 创业机会转化
1 什么是精益创业思维
2 精益创业的逻辑框架
3 用户探索的基本方法
4 用户验证的基本流程
5 精益创业应用案例
资源
1 创业资源
1 认知创业资源
2 获取与整合创业资源
2 创业融资
1 认知创业融资
2 融资过程和融资渠道
3 投资人眼中的融资
3 知何融资
1 商业计划书
2 路演的技巧
4 新企业的创办
1 新企业的创办
2 创业过程中的法律陷阱
Business Plan
沟通
模糊性
不确定性
创造力
外生因素
资本市场环境
领导能力
创业者
1 认知自我
1 找准个人商业模式
2 个人商业模式画布实战
3 人生目标与工程师的家国情怀
4 测算商业价值
5 测试商业模式
6 个人商业模式画布的应用
2 认知创业者
1 走出创业误区
2 盘点大学生的创业之路
3 创业者需要具备的素质和能力
3 认知创业团队
1 了解创业团队
2 组建创业团队
3 管理创业团队

本书知识结构

目 录

第1章

创业者

1.1 认知自我

1.1.1 找准个人商业模式

商业模式如同建筑蓝图，它对商业活动的引导作用就像后者对建筑施工的指导作用。为了设计建筑蓝图，建筑师必须理解这个建筑的修建目的。“以终为始”的习惯会让我们更加以目的为导向，少走弯路。成立一家组织机构或企业时，对目标的关注也至关重要。组织机构的目标可以引导企业商业模式的设计。目前，我们经常应用商业模式画布来描述商业模式、可视化商业模式、评估商业模式，以及改变商业模式。不仅企业经营需要关注商业模式，个人发展也要思考商业模式，可以思考如何把自己当成“企业”来经营，思考在自给自足的同时，如何为社会发展贡献更多价值。

商业模式画布的概念

画布是什么？商业模式是什么？

> *A business model describes the rationale of how an organization creates, delivers, and captures value.*
>
> **商业模式描述了企业如何为自己的产品和服务定位，如何服务客户，并获得回报。**

> *A shared language for describing, visualising, assessing, and changing business models.*
>
> **画布是一种用来描述商业模式、可视化商业模式、评估商业模式，以及改变商业模式的通用语言。**

商业模式画布的概念

商业模式画布通常包括9个模块，分别为：核心资源、关键业务、客户群体、价值服务、渠道通路、客户关系、重要合作伙伴、收入来源、成本结构。

这 9 个模块看起来很抽象，下面用哈尔滨工业大学（以下简称“哈工大”）2015 级博士生冷晓琨的成长历程作为案例来介绍个人商业模式画布的用法。

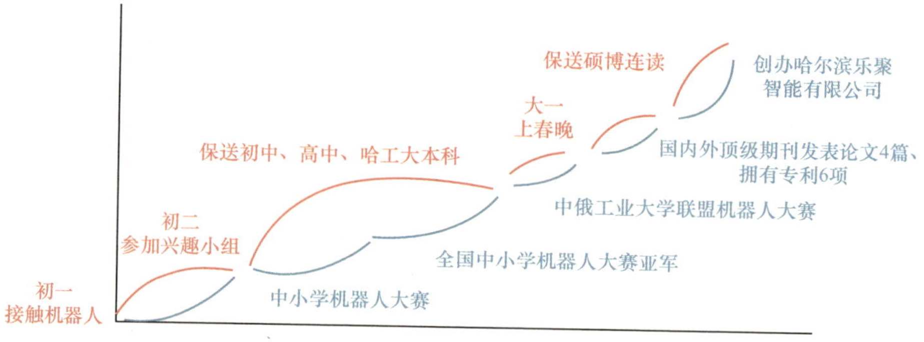

冷晓琨的职业生涯逻辑

1 冷晓琨是谁？他拥有什么？

冷晓琨从小是机器人“发烧友”，玩儿着机器人长大，最初研发机器人也是因为贪玩儿。他持续参加机器人大赛，一路保送初中、高中、本科、硕博连读。

大一时，他每天利用课余时间进行机器人编程研究。也是在大一期间，他率领机器人团队上春晚，为了找出发射器最合适的角度及高度，他带领队员们反复调试，每天都高负荷工作 10 个小时。“事必躬亲，以身作则”是冷晓琨作为队长和基地负责人一直坚持的一大原则。2013 年中秋节，实验室的同学们提前约好一起去爬山，但是由于前一天晚上零件组装发生意外，没有达到预期效果，实验室全员奋战到凌晨 3 点半，终于排除了故障。当大家在爬山的过程中欢度中秋时，冷晓琨选择自己留在实验室完成项目的验收工作。

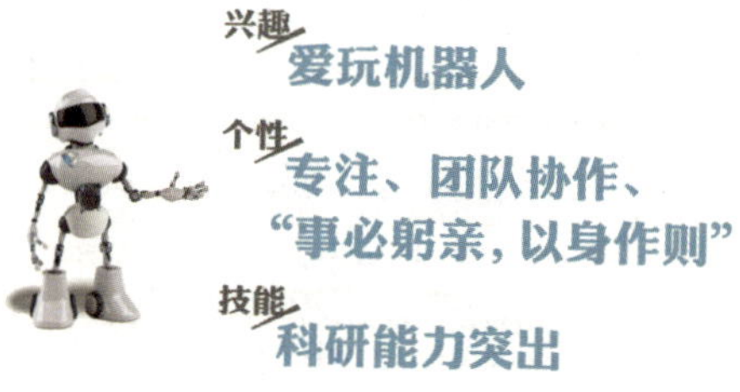

冷晓琨的兴趣、个性、技能

他科研能力突出，先后在国内外顶级期刊发表论文 4 篇，研究出了多项机器人核心技术，突破了众多技术难题，跻身于同行前列。

“因为我是队长，强烈的责任感和使命感要求我必须坚守在第一战线上。虽然错过了跟大家一起爬山的机会，但团队的快乐就是我的快乐。”

2 他要做什么？关键业务是什么？

2015 年，冷晓琨与志同道合的伙伴走上创新创业的道路，创立了哈尔滨乐聚智能有限公司（以下简称“乐聚公司”）。公司刚刚成立两个月，就吸引到了 1000 万元的天使投资。公司从机器人整体结构设计、核心部件生产到人工智能算法研发的一系列技术，在智能机器人领域的类人型机器人步态规划核心技术上，处于国际先进水平。

他要做什么

3 他能帮助谁？

首先，冷晓琨需要考虑他的机器人服务于哪些客户群体，谁能为他的产品买单。他研发的机器人适合教学使用，又具备价格优势，因此获得了国内很多中小学及大学实验室的认可。乐聚公司目前研发的机器人已经推广到 K12 教育当中。作为创始人，他也会和他的员工及合伙人一起成就梦想。

4 他怎样帮助他人？

冷晓琨创办的乐聚公司的理念是：创造最富有灵感的机器人，让高度智能的机器人真正走进人们的生活。

5 他如何向客户传递价值？

冷晓琨参加了多个电视节目，研发的人形机器人登上了春晚舞台，同时也在平昌“奥运八分钟”中出现，公司还建立了微信公众号，这些都是宣传的途径。他最重视的是向客户提供“靠谱”的解决方案和服务，客户的口碑是最好的宣传。

6 他怎样和客户打交道？如何保持良好的客户关系？

冷晓琨在公司专门建立了客户服务部门，表示公司对客户的诚信，为客户提供优质的产品和服务是保证良好客户关系的基石。

7 谁可以帮助他？

乐聚公司上下游合作伙伴，以及他在哈工大的导师、老师们都能为他提供帮助。

8 他能收获什么？

在精神层面，冷晓琨作为创始人创立公司，把个人的兴趣发展成事业，实现了他的人生价值；在物质层面，他也有了不菲的收入。

9 他需要付出什么？

冷晓琨创立公司，从学生成为创业者，投入大量精力。创业公司会面临各种困难和烦杂的事情，他负责研发工作，加班是常态，需要承受交付产品的压力，面对诸多的技术挑战等。

下面对商业模式画布中的 9 个模块，分别进行思考和梳理。

- 核心资源（我是谁？我拥有什么？）

- 关键业务（我要做什么？）
- 客户群体（我能帮助谁？）
- 价值服务（我怎样帮助他人？）
- 渠道通路（如何向客户传递价值？）
- 客户关系（我怎样和客户打交道？）
- 重要合作伙伴（谁可以帮助我？）
- 收入来源（我能收获什么？）
- 成本结构（我需要付出什么？）

上文列举的冷晓琨的 9 个方面，拼起来就是一张个人商业模式画布。将商业模式思维应用到个人职业发展中，可以通过“商业模式画布”建立自己的“经营”模式，进一步适应不断变化的外部环境。个人商业模式画布可以帮助我们进行全新的系统思考，将自己和他人视为客观、独立的个体，在完成画布的过程中，找到自己与社会之间的关系及互动方式，发现自己拥有的资源和提升方向，进一步主动思考应该通过哪种方式调动自己的全部才智、天赋与资源，实现个人发展及职业发展的完美结合。

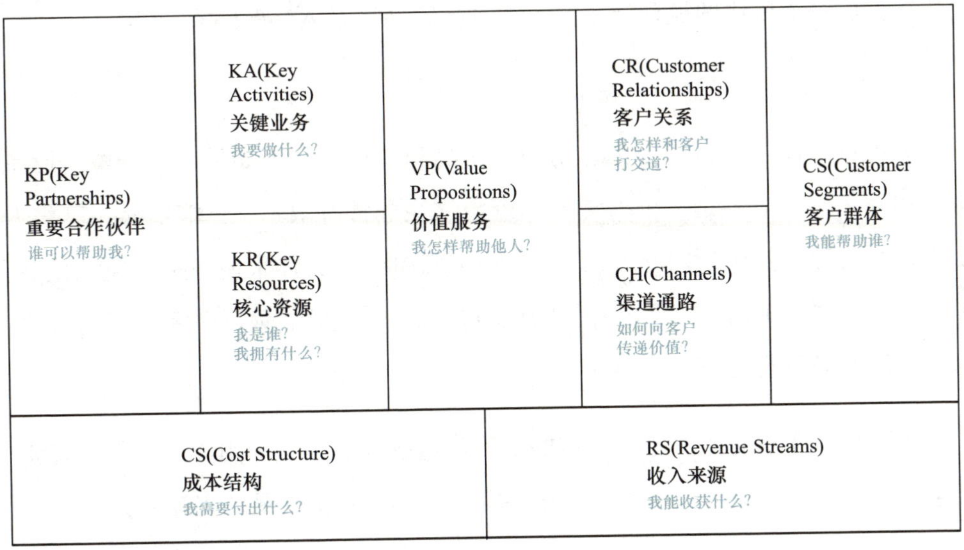

个人商业模式画布

知识点总结

1. 商业模式画布能用来描述商业模式、可视化商业模式、评估商业模式，以及改变商业模式。

2. 商业模式画布通常包括 9 个模块，分别为：核心资源、关键业务、客户群体、价值服务、渠道通路、客户关系、重要合作伙伴、收入来源、成本结构。

3. 当我们全身心投入工作之中时，自己也在成长，在学习和工作中不断地优化自己的商业模式，锻炼自己的能力，增强自身职场竞争力。

1.1.2 个人商业模式画布实战

在清晰准确地描绘出 9 个模块内容后，我们可以初步构思个人商业模式，本节详细解读商业模式画布的 9 个模块及其之间的关系。读者可以进一步优化自己的商业模式画布。请准备好纸、笔和即时贴，进入个人商业模式实战环节。

通常可以把个人版商业模式画布投影到屏幕上，用即时贴按照 9 个模块的布局依次完成每个模块的梳理和填写，或者打印到一张 A4 纸上逐一完成。

1. 核心资源（我是谁？我拥有什么？）

公司可以汇集大量的人力、财力、实物和知识资产，如员工、资金、设备、房产和知识产权。但是，个人掌握的资源往往非常有限——只能依靠一己之力。个人核心资源主要包括两个方面，一是“我是谁”，具体来说包括兴趣、技能和个性；二是“我拥有什么”，具体来说包括知识、经验、人际关系，以及其他有形和无形的资源或资产。

兴趣是指那些能让人感到兴奋的事物，这或许是最宝贵的资源，因为兴趣是催生职业满足感的动力。可以在“核心资源”部分列出你最感兴趣的方面。

技能是第二大资源，它包括两个方面：能力与技术。能力是指与生俱来的天赋，即做起来比别人感到轻松的事情，例如，空间感知能力、人际沟通能力和机械应用能力。与此相反，技术是指后天习得的能力，是通过大量的实践和学习、熟能生巧的本领，例如，计算机编程、财务分析、建筑设计等。

个性是体现内在个人特征的因素，也属于个人的一项资源。可以试着描述一下自己是什么样的人，例如，情商高、勤奋刻苦、性格开朗、遇事冷静、镇定自若、深思熟虑、精力充沛、关注细节等。

当然，“我是谁”不只是兴趣、技能和个性这三个方面，它还包括价值观、智力水平、幽默感、教育程度、人生目标等诸多内容。

下面讨论“我拥有什么”这个问题。这个概念分为有形和无形两类资源，包括知识、经验、人际关系等。例如，如果你有诸多好朋友，可以在表内写下“人脉广泛”。同样，你还可以说自己项目经验丰富、参加过多个学科竞赛、发表过论文、拥有专利等。

“我是谁 + 我拥有什么”可以用冰山模型来概括。其中：

- “我是谁” = 兴趣 + 技能 + 个性
- “我拥有什么” = 有形 + 无形

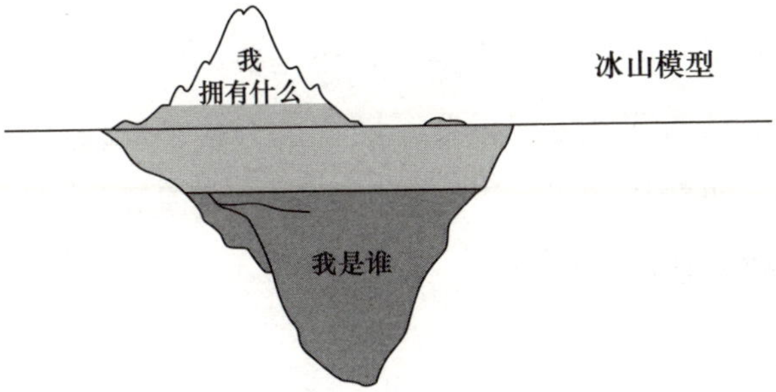

冰山模型

总之，在核心资源这个部分，尽可能把你所有的要素都列出来。这些要素必须能够描述你这个人，能够把你与其他人区分开。在总结自身资源的时候，你会发现，个性属于内心最深层的一面，它需要在不断的自我反思中，甚至在发生一些冲突时，才能真正体会到。但对于兴趣、知识、技术、能力，在盘点时其实是有一定技巧的。

（1）兴趣

寻找兴趣，推荐三个方法：多尝试、多总结、做测评。

- 多尝试。不去尝试，怎么会知道自己喜欢什么呢？很多事情，如果只是听说，往往容易产生一面之词。

- 多总结。世界上有成百上千个行业与职业，不可能都去尝试。所以，你需要举一反三地进行总结，问自己一些深层次的问题。例如，你不喜欢研发这项工作，这只是浅层现象，你需要问自己：为什么不喜欢研发？不喜欢它的哪方面？是对编程没信心，还是不喜欢面对机器调 Bug？这项工作有没有哪方面是你相对喜欢的？只有这样问自己，你才会更快地知道自己的兴趣。举例来说，因为讨厌面对销售，那下一份工作就不是“非销售”这么简单，而是要去找不太需要应酬的工作。所以，如果你能够将之前做过的工作（甚至业余爱好），都按它的内容构成进行剖析和总结，那么就不需要把所有工作都尝试一遍才知道答案了。

- 做测评。测评工具有很多，如霍兰德、职业锚等，这些都是职业兴趣类的测评。当你没有太多工作经验时，测评是个辅助工具。但任何测评的实质都是分类和贴标签，所以测评只能作为参考，还是要以多尝试和举一反三的总结为主。另外，测评工具的选择也很重要，网上会有很多信效度非常差、完全没有经过验证的测评，如看几张图就下结论的测评，被误导的可能性极大，只会让你离真实的自我越来越远。

享受不是兴趣，愿意付出才是兴趣，只接触皮毛不要谈兴趣，兴趣与擅长有关。实在找不到兴趣点，就先做好眼前的事，不要陷在纠结的无底洞里。

(2) 知识

知识很容易盘点，因为它是在冰山的上面，所学专业、获得的认证等都可以算在知识里面。

(3) 技术

这里要盘点的是：你有什么本领？掌握多少种语言？能用什么工具？……不仅包括工作中的技能，而且包括业余爱好。有时候，业余爱好与本职工作结合起来，你可能会发现一些跨领域的新机会。

(4) 能力

区别于主要适用某个领域的技术（如计算机编程），能力更多是指通用能力，盘点能力的方法与兴趣类似，也推荐三个方法。

- 多尝试：能力需要通过行为来发现，做了事情，才能发现和锻炼自己的能力。
- 多总结：你的哪些能力比一般人强？哪些能力比一般人弱？
- 做测评：认知方面的能力可以通过测评来衡量，但是其他方面的能力，较少有相应的工具。

能力方面，也可以通过他人的反馈来获取，因为有时候你觉得自己某些能力很强，但别人未必这么认为，所以可以寻求身边同事和朋友的反馈。具体来说，可以在网上搜索能力词典，找到能力清单，并从中挑选出自认为不错的能力项，也可让身边同事、朋友帮你挑选，对比分析之后，发现自己能力的优劣势所在。

2. 关键业务（我要做什么？）

关键业务取决于核心资源，也就是说，“我是谁”必然影响着“我要做什么”。在描述这个模块时，可以想想日常工作中经常做的事情。

实现从关注技能到关注价值的转变是很艰难的过程，这也正是个人商业模式画布的价值所在，因为它并没有简单地停留在商业模式画布分析阶段。这个模块要求你必须找到一个可以付出热情的兴趣点，一个可以在满足自己的同时为他人提供帮助的兴趣点。

如果你有职业目标，例如，想做软件研发工程师，那么就把其主要工作任务写在这部分；如果暂时没有职业目标，那么在后面的内容中再来完成。这里需要注意以下几点。

- **目标宜近不宜远。**太远的目标（例如，你现在是大二学生，目标是十年后创业）可能根本不知道如何着手，且过于遥远的目标，中途发生变化的可能性极大。因此，建议写下未来三年的目标即可。如果确实有一个远期目标或者理想，那么也可以从目标往回推，先确定三年内的目标，并写在画布上。

- **任务罗列宜粗不宜细。**任务罗列提炼 2 ～ 3 个重要点即可。这是锻炼结构化思维的一种方式，即把琐碎的工作事件归纳为几大工作任务。

- **无论是目标还是现状，都要与画布的其他模块保持统一。**之后提及的各模块都是以此为基础的。所以，如果在关键业务中写了两个版本：现状和目标，那么在其他模块中也要写两个版本，这样才能对应起来。不应该出现“关键业务”写的是目标，而“客户群体”又写成了现状。

3. 客户群体（我能帮助谁？）

客户群体是指那些付费享受某种利益的群体（也包括那些免费享受利益，但必须通过其他人付费的群体）。

作为个体，其客户或客户群体包括企业内部依靠你的帮助来完成任务的人（如果是自雇型就业，可以把工作地点视为企业环境）。因此，你的老板、上司及其他向你支付报酬的人都在此列。他们授权组织机构向你支付费用，属于客户群体中的一类。如果你有老板或上司，可以在客户群体中写下他们的名字。你要向谁汇报工作？把他们的名字也写到客户群体中。

换个角度再思考一下。你在工作中扮演的是什么角色？是否在企业内部为他人服务？是否要和同事密切合作？谁依赖你的工作？谁会从你的工作中获益？这些人虽然不给你发工资，但你的工作表现及能否继续工作下去的原因恰恰取决于为同事服务的质量。例如，如果你是某公司计算机技术支持团队的一员，那么就是在企业内部为他人提供计算机支持服务的人。同样，在你所在的企业或组织机构内，有没有个人或群体是你的客户？有没有重要的项目领导或团队成员？若有，则把他们的名字也写下来。

接下来，要考虑的是和你的企业打交道的人。例如，购买或使用你们的产品或服务的个人或公司，你是否需要直接和他们打交道？即使没有直接联系，他们也是你的客户。你是否要和公司的重要合作伙伴打交道？他们也是你的客户。

最后，想想你的工作会给哪些更大的群体带来好处。这些群体可能是几个社区或几座城市，也可能是通过共同的商业、职业或社会纽带联系在一起的人群。

4. 价值服务（我怎样帮助他人？）

这个模块是思考个人职业时最重要的部分。在定义这个模块时，你可以问自己这样两个问题：“客户请我完成什么工作？”“完成这些工作会给客户带来什么好处？”理解关键业务如何为客户带来价值非常重要，是描述个人商业模式的基础。

5. 渠道通路（如何向客户传递价值？）

盘点了核心资源，找到了客户，通过关键业务奠定了价值服务基础后，接下来的问题是如何向客户传递价值。渠道通路包括宣传价值、卖出服务及递交服务。

渠道通路即商业术语中的“营销过程”。

- 潜在客户怎样才能知道你能帮助他们？
- 潜在客户怎样才能决定购买你的产品或服务？
- 潜在客户怎样实现购买？

- 你怎样交付客户购买的产品或服务？
- 你怎样保证满意的售后？

谈到渠道通路对个人商业模式的重要性，以下几点值得注意。

- 只有确定价值服务，才能宣传价值服务。
- 只有宣传价值服务，才能销售价值服务。
- 只有销售价值服务，才能赢得回报。

6. 客户关系（我怎样和客户打交道？）

和客户打交道、处理好与客户的关系十分重要。怎样和客户打交道？面对面？发邮件？是追求拓展，还是维持现状？例如，互联网公司通过社群来建立与用户的联系。在客户关系模块中写下上述问题的答案。

7. 重要合作伙伴（谁可以帮助我？）

重要合作伙伴是指那些支持你的工作、帮助你顺利完成任务的人。他们能为你提供行为动机、良好的建议和成长机会；能为你提供完成任务所需的其他资源。重要合作伙伴包括工作中的同事和导师、职业圈内的成员、家人、朋友及专业顾问。你可以在重要合作伙伴模块中列出他们的名字，以后再慢慢丰富这个概念的定义。

8. 收入来源（我能收获什么？）

这里的收入是广义的概念，包括物质回报和非物质回报。物质回报包括薪酬、福利、股票、期权等；非物质回报包括环境氛围、发展机会、成就感、满足感等。写下你的收入来源，例如，工资收入、专业服务费、健康保险、养老金等。还可以加入一些软收益，例如，满足感、成就感和社会责任等。

9. 成本结构（我需要付出什么？）

个人跟企业的商业模式画布其实是有区别的。对企业来说，成本和收入更多是财务上的；但对个人来说，你还需要考虑工作是否开心、有没有发展等。成本结构是指你在工作中的付出，包括时间、精力和金钱。此外，还包括压力感或失落感等软成本。

- “我需要付出什么” = 时间 + 精力 + 金钱
- 成本 = “硬”成本（培训费、交通费、水电费等）+ “软”成本（压力感、失落感等）

把个人商业模式画布的 9 个模块依次分析透彻之后，你需要给自己一个清晰而满意的定位。在规划职业蓝图时，我们常常会纠结于技能是否达到要求，然而，目标胜过技能，也就是分析价值服务和个人目标带来的职业机会要比单纯考虑技能带来的职业机会大得多。并且，只有确定了自己的人生目标，才能自上而下地对个人商业模式加以引导。

知识点总结

1. 个人商业模式画布的分析始于“核心资源”，在分析了这个模块之后，再依次分析其他 8 个模块。

2. 个人商业模式画布的 9 个模块相互依存，需要通盘考虑。

3. 个人商业模式画布与企业商业模式画布有区别。

1.1.3　人生目标与工程师的家国情怀

人生目标的设定对个人商业模式同样重要，设立个人商业模式首先需要明确的就是人生目标，可以把目标视为“最高方针”。设定人生目标有两种常用方法：“我的封面故事法”和“三个问题法”。

我的封面故事法

闭上眼睛想象，你现在坐上时光机来到两年以后，你看到一家知名媒体刊登了一篇关于你的报道，有一张你的照片，还引用了你说过的话。这时你希望看到：

- 这是哪家媒体？
- 这篇报道讲的是什么内容？为什么有你的报道？
- 报道中引用了你的什么话？

三个问题法

- 回想一下你曾经感到满足的情形，当时做了什么？你为什么感觉非常好？尽可能准确地描述你当时经历的情况。
- 列举出 1 ～ 2 位人生偶像。你最佩服谁？为什么？用几句话描绘一下这个人。
- 假设百年之后，你已经不在人世，你希望别人用怎样的表述纪念你？

不必因为自己没有明确的理想目标而感到焦虑，世界上只有少数人，有勇气寻找和追求自己的梦想。如果没有明确的长远目标，那么可以通过关注自己当下的状态获得满足感。随着人生阅历的增加，人生目标很可能会有所调整。例如，20 岁关注就业薪资，30 岁关注成家立业，50 岁关注孩子成人、延续家庭传统等。此外，生活中的重大事件，如结婚、生子、换岗、重病、死亡等，也是导致个人目标出现变化的重要原因。目标是一项永远需要调整的内容，我们可以记录目标，再随着人生阶段和事业前景的变化进行阶段性的修改。

可以基于学校特色制定自己的人生目标。例如，哈工大被称为红色工程师的摇篮，毕业校友多从事在攻坚克难的技术岗位上。哈工大立足航天、服务国防，面向国民经济主战场，全校师生曾解决了许多航天科学难题，攻克了大批各行业领域的关键技术，为国家和社会培养了一大批领军人才。在他们的身上体现了两种重要的精神——企业家精神和工匠精神。

- 企业家精神：不拘泥于现状、不受困于现有资源，把个人的发展与国家和民族的前途命运紧密联系在一起，在不可能中创造可能，在开疆拓土中创造先机。

- 工匠精神：精益求精、持之以恒，板凳甘坐十年冷，二十年磨一剑、为国造重器，一生追求卓越，耐心、专注、坚持、敬业，创造出中国一项又一项辉煌，留下一步接着一步的扎实脚印。

企业家精神更加注重宏观思考，工匠精神则更加注重微观实践，两者互为基础、共同发力，在辩证中实现统一。

对于国家来说，既要着眼历史、着眼全局、着眼未来、谋划蓝图、制定战略，又要抓住矛盾、聚精会神、攻坚克难、持之以恒，这就是我们国家的“创业”。对于每个大学生而言，道理也相通，需要我们用“创业”的思维来寻求个人发展和国家民族发展的高度统一，需要我们既能站得高、看得远，像企业家那样去思考谋划，也能弯下腰、沉住气，像大国工匠那样去实践、坚守，在制定、践行自己人生目标的过程中把握好这两种精神，用实际行动彰显我们青年人才的个人抱负和家国情怀。

知识点总结

1.“以终为始”的习惯会让我们更加以目的为导向，不忘初心，不被外界诱惑，少走弯路。

2. 世界上只有少数的人，有勇气寻找和追求自己的梦想。如果没有明确的长远目标，那么可以关注自己当下的状态，获得满足感。

3. 可以基于学校特色制定自己的人生目标，将企业家精神和工匠精神融入工作和生活中。

1.1.4 测算商业价值

停留在纸面上的商业模式代表的只是我们对工作和生活的一种假设，其中或许掺杂了未经检验的“想当然”的因素。对于科学家和企业家来说，假设是需要原型化和测试过程来检验真实性的，我们也需要这样做。

下面介绍测算商业价值的方法。

任何机构都需要自给自足的商业模式，即收入≥支出。这一点对所有企业和个人来说都一样。

组织机构通常使用“利润表”，即用条目化的销售和费用表来记录经营表现，它能帮助组织机构了解自己的经营状况。一个人一般很少使用正式的利润表记录收支情况，但可以应用类似的工具来衡量收入或者监督收支情况。

下面通过一个案例介绍个人是如何运用“利润表”的。

1. 小尚的收入

假设小尚在一家 IT 企业担任程序员，每月税前工资是 10000 元，缴纳各项社会保险金 1100 元，扣除个人所得税 525 元，则他的税后工资是 8375 元。除去每月的各种花销后，他的账户中存下 3000 元。

3000 元存款是一笔丰厚的利润吗？从商业经营的角度来说，它意味着 30% 的利润率，企业很难达到如此高的利润率。从百分比的意义来说，小尚所实现的利润率甚至比世界上大多数企业的利润率还高。

2. 利润和收入

利润 = 收入 - 支出，可以简单地这样理解。小尚的利润是努力工作和奉公守法的正当所得，是为客户提供满意服务赢得的报酬。同样，创造收入对于企业来讲也至关重要，否则企业无法扩大生产。

无论是个人还是组织机构，除非只是为了维持生计，否则“收入 = 支出”（即“盈亏平衡”）这种商业模式非常糟糕，意味着企业没有盈利，个人没有结余，赚多少钱就花多少钱。

个人商业模式画布就是希望我们先把自己定义成可创造收入的一个人的企业，无论我们是自己创业还是去组织机构工作。

3 利润表

利润表至少包括以下三个内容：

- 挣到的钱（销售额）
- 花出的钱（费用开支）
- 到手的钱（经营收入）

企业每年做一次利润表的目的是：描述收入状况、确定过高成本、分析销售表现。当然，企业利润表的内容要比小尚的收支分析复杂得多，其中包括额外支出项目、税务津贴及各种商业模式涉及不到的内容。不过，两者应用的基本公式是一样的，即：

销售所得 − 费用开支 = 经营收入

小尚“实得工资”8375 元要低于“毛收入”10000 元，其中 1625 元由于缴纳个人所得税、各项社会保险金被扣除了。可以将 1625 元扣款视为“收入成本”，即小尚为了保持员工和市民身份必须支付的费用，所以他的收入成本在毛收入中所占的成本率为 16.25%。

对小尚来说，他支付的全部生活成本源自 8375 元的“实得工资”，而非 10000 元的毛收入。同理，企业支付的费用也源自其“实得收入”，即扣除必要成本之后的剩余所得部分。

对于企业来说，企业主要的成本包括：房屋租金、水电费、人员工资、市场推广费用等。企业员工每月工资 10000 元，企业通常要额外支付工资的 22%～50% 以支付员工的养老保险、医疗保险、失业险、住房公积金等。

假设这家企业需要额外支付的费用占工资的 40%，那么，这就意味着公司每月实际支付的工资为 14000 元，包括 10000 元的工资、4000 元的额外费用。注意，14000 元只是这家企业为员工每月必须支付的费用，并不反映公司为实现员工“实得工资”必须完成的销售额。

如果一家 IT 公司，完成一个 100 万元的软件系统销售，由 7 个和小尚工资水平相当的程序员花费 4 个月完成，公司需要支付研发人员、市场人员、行政人员薪酬，市场开拓费用，税费，办公场地的租金，以及用计算机、服务器等设备的折旧成本等。

所以，为了支付员工工资，企业必须实现比工资数额高得多的销售收入。其实，所有支付给员工的现金都源于最终客户而非企业自身。为了保证每月给员工发工资，这家 IT 企业必须销售更多的软件系统。这里需要商业模式思维中的一个诀窍：一个员工的价值应当按照其最终提供给客户的价值来衡量。

4. 测算商业价值

假设，小尚所在的公司的平均毛利率为 40%。公司每月支付给小尚的工资为 10000 元，福利为工资的 40%，公司必须完成多少销售额（实得工资 + 福利 = 全额工资 / 毛利率 = 所需销售额）？

每月支付小尚 10000 元工资，需要企业每月实现 35000 元的销售额：

$$10000 \times 1.4/0.4=35000\text{（元）}$$

通常来说，根据行业差异及毛利润水平的不同，对某些企业的员工来说，要想保证其年收入，企业必须实现 3 倍于工资的销售额。只有明白了企业经营的成本及决定价格的背后的因素，才能理解为什么经营成本如此之高。

5 个人对组织机构的价值

综上所述，如果你自认为值得拥有12万元的年薪，那就要准备好向雇主说明自己每年能为公司创造36万元的企业收入。当然，员工的价值并不完全靠钱来衡量。尽管如此，员工仍必须以为客户提供的价值及消耗的成本为基础，考量企业的招聘决定。所以，无论是企业还是个人，都必须理解商业模式的重要意义。

知识点总结

1. 测算商业价值的方式：任何机构都需要自给自足的商业模式，即收入≥支出。

2. 利润表至少包括挣到的钱（销售额）、花出的钱（费用开支）和到手的钱（经营收入）。

3. 确定自己理想的工资时，先要考虑如何为企业创造工资的3倍的销售额。

1.1.5 测试商业模式

测试商业模式，就意味着去寻找谁为你提供的服务来买单。对于大学生来说，可以通过以下两种方式测试商业模式。

（1）去寻找客户

迈出宿舍，和对方交谈，进而成功获得理想中的客户。精明的企业家测试新产品或新服务时会选择“和潜在客户交流”，客户最好来自你想求职的目标企业。

（2）去目标求职企业实习

在真正的环境中测试个人商业模式是否符合雇主，也就是客户的要求。在一线感受职场，对大学生来说是难能可贵的接触社会的机会。在测试个人商业模式时要注意，画布的每个模块都包含多种假设，因此每个模块都必须经过客户测试。

书籍推荐

《创业者手册》中，创业大师史蒂夫·布兰克详细介绍了如何了解客户需求和采购心理，以及开发客户的流程。他是最早提出客户发展概念的硅谷企业家，他的创业理论影响了一大批硅谷创业者，也掀起了硅谷精益创业的浪潮。

- 你建议实施的关键业务是否支持你的价值服务？
- 客户是否关注你想帮他完成的任务？
- 客户是否愿意支付你在收入来源模块中列出的费用？
- 你能承担商业模式所需的成本吗？
- 客户希望你通过哪些渠道联系和获取服务？
- 你准备采用怎样的客户关系和他们打交道？

这些问题都能通过和潜在客户沟通的方式找到答案。在具体操作中，可以先从自己的第一人际圈入手，例如，和家人、朋友、老乡、校友进行交流，告诉他们自己正在围绕目标建立个人的职业规则。

在开始和对方讨论之前，下面几个问题可以让我们了解对方（个人或者所在组织）的商业模式：

- 您是怎么进入这个行业（或这家公司）的？
- 在未来的 6～12 个月中，您会面临哪些挑战？您将如何应对？
- 您所做的工作将帮助到哪些人？他们是客户、供应商，还是政府？
- 您如何看待这个领域未来的变化趋势？

幸运的话，对方会给出提示甚至开诚布公地和你谈论自己的工作、重要合作伙伴及商业模式的其他方面。如果是这样的话，就可以继续讨论价值服务及个人商业模式中的其他方面。如果会谈非常顺利，那么根据情况的发展及你所提供的帮助范围，也许可以当场和对方建立合作。

如果在交谈中发现，商业模式不满足目标客户 / 企业的要求，那么需要重新审视个人商业模式，通过修改模块内容的方式进行改善。调整的内容可以有很多种，例如，寻找新客户，调整渠道通路，提升自己的核心资源，增加技能，重新思考商业模式画布中的多个模块等。

当客户有了意愿，愿意为你的产品或你本身买单时，个人商业模式便得到了验证。接下来要进入的是执行阶段。这时，个人商业模式画布基本完成，接下来就是在日后的实践中进一步优化。

Tips

校友资源是不可忽视的，他所在的公司说不定就成为你未来入职的企业。校友之间的学习经历相近、专业方向类似，说不定他的商业模式、成长轨迹，就会成为你的商业模式的范例。

每次会谈后都要总结经验，这时你会发现，自己对个人商业模式的生存能力，以及客户组织机构的商业模式都有了更清晰的认识。

1.1.6　个人商业模式画布的作用

个人商业模式画布的主要用途包括职业规划、职业选择两个方面。

（1）职业规划

当你有了职业目标，把目标的画布画出来后，会很容易发现自己在哪些模块还有欠缺，知道自己应该朝什么方向努力（例如，你的核心资源还不够，那么就需要提升自身能力，或者需要寻找合作伙伴，或者需要进一步通过渠道通路来宣传自己）。定期分析就如同企业定期做战略规划一样，要不断地优化。

（2）职业选择

很多同学在毕业找工作时会有多个 offer，在做职业选择的时候，个人商业模式画布就是一个很好的工具。例如，你有两个工作选择，那么可以画两个画布，或者在同一张画布中用不同的颜色将它们表示出来。接下来进行对比：哪个工作更能实现目标？哪个工作更能利用核心资源？成本和收入等情况也会一目了然。

个人商业模式画布是一张“关系图”，阐述了“核心资源”“关键业务”和“价值服务”之间的关系，明确了你和“客户群体”之间的关系，通过个人目标说明，搭建了你与更大服务目标之间的关系。正如一张好的地图可以指导探索者前进一样，个人商业模式画布也能为我们带来工作 / 生活上的持续成功。

知识点总结

1. 测试商业模式，需要走出去寻找“买单”的人。常用方法为“去寻找客户”和“去目标求职企业实习”。

2. 如果在测试过程中发现，商业模式不满足目标客户 / 企业的要求，那么需要重新审视个人商业模式，通过修改模块内容的方式进行改善。

3. 个人商业模式画布的主要作用包括职业规划、职业选择两个方面。

1.2 认知创业者

1.2.1 走出创业误区

创业有狭义和广义之分。人们当下所说的创业多是狭义的创业。狭义的创业是指创办新企业，是谋划、创建和运营企业的过程，创业者有能力且愿意谋划、组织和管理一家风险和利益并存的创业公司。广义的创业是指开创新事业，除了创业行为，更强调在创业行为中所体现的创新创业精神，强调创业是一个寻找机会、开发产品、利用资源、制订和实施计划的不断试验和往复循环的过程，这个过程包含很多通用的思考及推理的行动和方法。这个定义不仅意味着创办新企业、筹集资金和提供就业机会，还意味着孕育人类的创新创业精神和改善人类的生活。

在当今的创业热潮下，人们往往更加关注创办企业本身，每天苦于对创业机会、创业资源的寻觅和开发，投入大量的时间和金钱在创业实践当中，而忽视了影响创业本身的创新创业精神和创业技能的学习，甚至有些人认为创新创业精神和创业技能是天生的。

著名管理学家彼得·德鲁克曾说过："创业不是什么魔术，它既不神秘，又与基因无关。"创业是一门科学，同其他科学一样，是可以通过学习掌握的。随着竞争的加剧和信息技术的普及，未来的创业家不再纯粹依靠经验，而是依靠理论和实践。因此，在大众创业、万众创新的浪潮下，需要知行合一，既要参与创业实践，又要注重创新创业精神和创业技能的学习。

创业者并不是一个特殊的群体，并不具有常人所没有的特殊基因或才干。创业者之所以能成功，并不是天赋使然，大多是因为足够勤奋。他们在工作和学习中掌握了创业的思维和技能，积累了经验和人脉，为创业成功铺就了基石。在日常生活中，人们对创业和创业者的认知，常常存在以下一些误区。

1. 创业者无法塑造，他们天生具有某种创业基因

这种所谓的创业基因根本就不存在，简单地夸夸其谈、敢于冒险并不是成功创业者必须具备的个性。增加创业成功概率的创业技能有很多，例如，人员管理、销售技巧及产品开发和交付能力等，这些能力可以通过努力，后天习得，绝非少数幸运儿与生俱来的天赋。人们可以改变和学习新的行为，创业活动也可以细分为不同的行为和流程，用相应的工具也可以提高创业的成功概率。

2. 任何人都可以创业

理论上，任何人都可以创业，但在实际生活中，创业的人占少数，创业成功

的人更少。创业者如果能够识别创意和商机之间的区别，思路足够开阔，创办企业的成功率就比较高。虽然运气在创业成功中很重要，但充分的准备仍是必要条件。企业的创办是创业中最简单的一部分，困难的是让企业长久地生存下去，并且最终发展成可以让创业者喜获丰收的企业。企业存活并不容易，大约有 95% 的企业会在五年之内倒闭。

3. 创业者喜欢单枪匹马

尽管创业者通常被描述为孤胆英雄，但创业是由团队完成的。创业团队的人员越完善，分工越合理，创业成功的概率就越大。高水平的创业团队（而非仅仅一个能力超群的创始人）意味着更大的成功概率。成功的企业基本上都是由团队创建的，如苹果、微软、阿里巴巴等。

4. 创业者自己当老板，他们完全独立

创业者并不是完全独立的，他们需要为更多人服务，包括合伙人、投资人、用户、供应商、债权人、员工、亲人等。但是创业者可以自己选择是否、何时、做些什么来对其他人做出响应。

5. 创办企业风险大，到头来通常以失败告终

即使企业倒闭，也不能说创业者失败了。失败常常是对创业者的经验和技能淬火的过程。在创业过程中，创业者的成长是很迅速的，即使创业失败，创业者也会另选时机二次创业或者就业，这时他的核心竞争力会大大提升。

携程网创始人之一范敏用一段话描述了携程网四个创始人之间的合作关系："这就像是盖楼，季琦有激情，能疏通关系，他去拿批文、搞土地；沈南鹏精于融资，他去找钱；梁建章懂 IT，能发掘业务模式，他确定大楼的框架；而我来自旅游业，善于搅拌水泥和沙子，制成混凝土去填充这个框架。"

6. 钱是创办企业最重要的因素

在企业创立初期，资金过于充裕反而会使创业者产生安逸感，使用资金缺乏

计划和危机感，会导致严重后果，甚至创业失败。当有了高潜力的创业机会和优秀的创业团队时，钱自然会随之而来。资金重要，但并非最重要，就像颜料、画笔只是画家用来创作的工具，创作灵感和画家本身比颜料、画笔更重要。

7．如果创业者是有能力的，只需 1 ～ 2 年他们就会成功

风险投资家有一句古老的格言：“柠檬只要两年半就能成熟，但珍珠却要七八年才能孕育成功。”很多创业公司需要 3 年以上才能站稳脚，创业者需要有耐心并不断坚持，需要有十年磨一剑的心理准备。

8．金钱回报是创业者的唯一驱动力

个人成就感、对自己命运的把握、实现自己的期望和梦想是创业者更强有力的动机。金钱只是保持成就感的工具和方式，并不是最终归宿，梦想才应该是创业的理由。为了生存和金钱去创业有两大风险：绝大多数的创业者都会陷入为生存苦苦挣扎的境地，可能不但赚不到钱还会赔钱；创业是一个长期苦苦挣扎的过程，如果不是因为梦想，很难坚持下来，过程更是毫无乐趣可言。

知识点总结

1．广义的创业是指开创新事业，强调创业是一个寻找机会、开发产品、利用资源、制订和实施计划的不断试验和往复循环的过程，这个过程包含很多通用的思考及推理的行动和方法。

2．著名管理学家彼得•德鲁克曾说过，创业不是什么魔术，它既不神秘，又与基因无关。创业是一门科学，同其他科学一样，是可以通过学习掌握的。随着竞争的加剧和信息技术的普及，未来的创业家不再纯粹依靠经验，而是依靠理论和实践。

3．创业者并不是一个特殊的群体，并不具有常人所没有的特殊基因或才干。创业者之所以能成功，并不是天赋使然，大多是因为足够勤奋。他们在工作和学习中掌握了创业的思维和技能，积累了经验和人脉，为创业成功铺就了基石。

1.2.2 盘点大学生的创业之路

我们来看看另一位大学生创业者万龙，他是哈工大材料学院 2015 级博士生，在别人还在为发论文犯愁的时候，他已经成为三个国际期刊的审稿人，他也是哈尔滨万洲焊接技术有限公司的董事长。

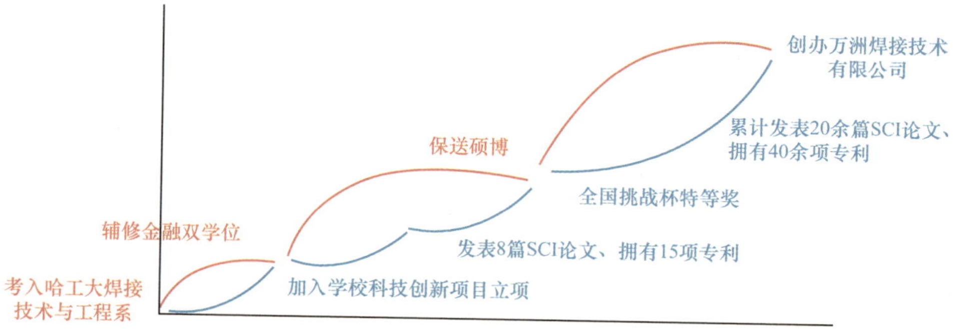

万龙的职业生涯逻辑

万龙的经历和前文所讲的一路“玩儿着机器人”长大的冷晓琨不同。2009年，他刚上大一，入学时还一度觉得“选错”了专业，有点迷茫。后来，哈工大焊接技术与工程系黄永宪老师邀请万龙加入哈工大先进焊接与连接国家重点实验室，参与科技创新项目。“我对焊接专业并不了解，而且还是本科生，能做科研项目吗？”抱着这样的疑问，万龙走进了实验室，也正式走进了科研领域。

科研方向的寻找困扰了很多同学。那么，万龙是如何做到的？

知识储备

加入国家重点实验室后，通过参与科创项目，万龙系统地了解了焊接专业的相关知识，而且培养了浓厚的科研热情。很多大学生，高考前对所学专业没有深入了解，上大学之后会感到迷茫，进入实验室，在项目中学习专业知识，会渐渐找到对专业的兴趣。同时，大二期间，万龙还辅修了金融学双学位。

2. 兴趣引发

2011 年，万龙第一次在书本上看到“搅拌摩擦焊”这个名词，国际上用“最具革命性”这个词对它进行评价，这引起了他浓厚的兴趣。深入了解后，万龙发现日本的新干线，欧洲的欧洲之星等高速列车、大飞机都已经采用了这项先进的技术，而这项技术在中国才刚起步。

3. 信念坚定

万龙决定在这个方向进行科研攻关。本以为进入实验室后，学习和科研会步入正轨，但万龙没想到，迎接他的却是打击——他参与的科研项目以失败告终。万龙说：“我就是不服！要想让人瞧得起，就要努力，就要盯住世界难题、啃硬骨头。”

不知道经过多少次的设计、改进、验证，他终于提出了完全具有自主知识产权的“自支撑搅拌摩擦焊新方法”。短短一年半的时间先后发表 8 篇 SCI 论文、申请下 15 项专利。

4. 萌生创业想法

通过在实验室做科研项目，万龙找到了科研方向，但科研成果必须应用才有价值。为了验证自己的科技创新成果，2013 年，他参加了哈尔滨工业大学举办的首届大学生创新创业大赛，接着他又参加了一系列科技竞赛，斩获了多项大奖。这些比赛让万龙倍受鼓舞，也坚定了他利用自己的创新项目进行创业的想法。

5. 组建团队

公司缺少销售人员，他偶然得知高中同学在药企担任大区经理，销售额连续三年稳居公司榜首，于是通过电话、QQ、微信多个渠道向同学发起“进攻”，一遍遍地邀请他加入创业团队。仅一个月的时间，同学便拿着 100 万元的现金来到哈尔滨和公司团队初期成员一同创业。为了给企业引进优秀人才，万龙找到一个学术会议的契机，不远万里飞往德国，用 15 天的时间陪一位“技术大拿”走遍了德国周边的三个国家，和他吃、住在一起，和他一同畅想焊接事业的未来，令“技术大拿”深受感动，毅然提前结束在德国的学习，回到国内和万龙一同创业。随后，万龙又不辞辛苦地寻找各路精英，终于组建起了一个来自 7 个不同专业、包含 3 名博士和 5 名硕士的创业团队。

6. 吸引投资

2015 年 5 月，在黑龙江省和哈工大的支持下，哈尔滨万洲焊接科技有限公司成立，入驻哈工大大学生创新创业园区。创办公司需要市场推广的专项经费、专属的焊接设备、固定的办公场所等，这些归根结底还是需要钱。万龙开始不知疲倦地奔波于各类路演会、项目推介会和技术展览会，北京中关村、深圳证券交易所、天津滨海新区，哪里可能有投资人，他就会跑过去，不厌其烦地介绍他们的技术优势、人才优势和盈利前景。大学生创新创业园每邀请一位投资人，他都不放过和他们交流的机会，他都会根据投资人的兴趣点，通宵达旦地修改商业计划书，经常凌晨两三点时给投资人发邮件，让投资人看到他们说干就干的执行力和说到做到的硬功夫。为了获得和一位资深投资人的宝贵见面机会，他通过邮件、短信一遍遍反复恳求，绕着弯找可能说上话的校友推荐，只要能够打听到投资人第二天的工作行程，他就会二话不说地从哈尔滨赶过去。有时候，2500 多千米往返、20 多小时等候，就是为了能够在早餐的时间与投资人见面半个小时。就是靠着这样不断的折腾，他们公司获得了丁香会创投的认可，成为同期唯一一个获得全票通过的创业项目，顺利拿到 300 万元天使投资和哈工大大学生创新创业园区 100 万元的跟进投资。截至 2017 年，哈尔滨万洲焊接技术有限公司已获得 2000 万元的投资。

企业愿景

迄今为止，公司已经做出东北三省内第一台二维搅拌摩擦焊机、第一台精密测温仪，并与齐齐哈尔第二机床厂达成了联合生产大型搅拌摩擦焊机的合作意向。随着公司的发展，万龙针对第一代产品完成了焊具的全面升级换代，技术成果转化已走上正轨。公司一期 5000 平方米智能制造基地已于 2017 年 2 月投产。“我们的目标不仅是要做中国焊接领域的领军企业，未来还希望将我们具有自主知识产权的产品和技术推广到全世界，打破国外技术垄断，成为焊接领域的世界知名企业。”万龙说，“公司将持续提供高质量的搅拌摩擦焊技术和服务，为实现汽车轻量化更快更好发展做出贡献。”

下面追溯一下万龙的成长历程，分析他是如何成为一名成功的创业者的。

大一的他与众多同学一样，对所学专业感到迷茫；他跟随专业教师进实验室，做科研项目，但也受到过挫折（创业者也是在不断挫败中成长）；后来，他发现了国内的技术空白，有愿景、有使命感地要把科研进行到底；接着，小有成绩的他开始参加各类创新创业大赛，树立了自信心，同时坚定地要把科研成果转化为应用，借势借力，在黑龙江省支持创新创业的大背景下创办公司；经营公司还需要人才和资金，他想各种办法去找适合的人加入，并说服投资人投资。

也就是说，作为大学生创业者，万龙的成长路上通过做科研项目，找到了努力的方向，组建队伍，借势借力，创办企业，吸引投资，百折不挠。那么，大学生需要具备哪些素质和能力，才能成为一个优秀的创业者？

1.2.3　创业者需要具备的素质和能力

创业并不是一蹴而就的，冷晓琨、万龙自身都经过了多方面的积累，这样的创业者，创业成功的概率会大很多。

各行各业、背景各异的成功人士都具备某些共同特质。《我是这样拿到风投的》作者安德鲁·查克阿拉基斯归纳了他们的 5 个特质，称为“查克成功五角星”（Zach’s Star of Success）。

“查克成功五角星”包含我们认为能驱动成功创业的 5 个特质，无论是创业还是就业，想要成功的人都应培养或拥有这 5 个特质。

1. 知识

成功需要知识。正如卡内基梅隆大学的诺贝尔经济学奖得主赫伯特·西蒙所述，想要在一个领域内成为专家，需要花费 10 年的辛苦努力，学习 5 万“块”知识。赫伯特·西蒙认为，专家有能力识别模式，识别从一种境遇转换成另一种境遇的模式。正是他们这种能把各种模式创造性地结合起来的特殊能力，让他们在自己涉足的任何领域都拥有优势。例如，专业国际象棋手能根据棋盘当时的态势，知晓接下来的几步该如何走。同样，专业的创业者也能看清各种发展态势，并把它们联系起来，这样的创业者才能顺利进军市场并成功与其他企业竞争。如今，许多创业者喜欢在自己曾经涉足的领域创办企业。若是无过多行业经验的青年人，则需要建立一个团队，让团队成员之间的技能互补，建立一个完整的“创业武器库”。

2. 人脉

强大的人脉网络对创业团队来说是至关重要的。交际圈越大，接触到的知识和信息就越多，越可以顺利地找到项目发展需要的人才并将其拉进自己的团队，创业所需的外部资金来源也会越广。如果你很有战略眼光地找到了有相关运营经验的天使投资人，那么就能得到很多中肯的意见。创业者也可以通过互联网建立虚拟团队，包含会计师、律师、供应商，甚至客户。

成功的关键是扩大人脉网络，为了达到这一目的，创业者应该定下目标，每周都认识 5 个以上的陌生人。此外，还需要时刻与自己个人及专业的交际圈保持联系。创业者需要定期给现在的、潜在的相关人员发送情况通报，报告创业进展情况。这样你的交际圈就会记住你和你的努力，很可能在你没有直接请求帮忙时，就把你介绍给投资人或者客户。因此，当你开始进行商业计划时，要与尽可能多的人交流自己的想法，并让他们及时知道你的创业进展情况。

3. 精力

构建知识和人脉都需要精力。《思考致富：黑人的选择》的作者丹尼斯·金博罗在参观百森商学院时，曾与教师和学生们说了下面一句话："对成功人士来说，让他们一周工作 40 个小时，看起来像小孩玩游戏一样轻松。"后来他又说："如果你的工作就是你的游戏，你的游戏就是你的工作，那么你一辈子没有一天在痛苦地工作。"创办公司需要付出许多精力，创业者一般都会一周工作 60 个小时以上。事实上，大多数创业者会觉得他们从来都没有离开过工作。即便是躺在床上或外出度假，创业者也在思考着商业上的事。做商业计划书也需要精力，一份优秀的商业计划书一般要花上 200 个小时才能做完，而且还仅仅只是初稿。如果有了"查克成功五角星"中的最后两个角所代表的特质——信仰和激情，那么精力就会一直存在。

4. 信仰

一个人想要一直有精力，就必须有信仰。信仰用当下的热词来说就是"情怀"和"格局"。每个人都会遇到艰难时刻，创办企业就好像在乘坐"心情过山车"，没有最高只有更高，没有最低只有更低，变化快得让人措手不及。如果你对自己认可的商机和理想不坚定、没有信仰，那么遇到重大困难时就很容易中途放弃。必须相信自己，也必须相信自己的理想。伟大的创业源于伟大的理想，有理想就要去尝试。创业是一种最大限度扩展生命体验的生活方式，需要最终的目标来支撑创业者走下去。

5. 激情

激情代表强烈的爱好，这就重新回到了自我实现的话题上。究竟是什么在驱使创业者创业？你平时有哪些强烈的专业爱好和个人爱好？正如丹尼斯·金博罗所说，我们要问问自己，如果没人付钱给你，什么事情是你会不计回报地去做的？如果创业仅仅是为了赚钱，就会缺乏成功所需的信仰和精力。在准备商业计划书之前要深思一下核心驱动力，确保要创办的公司能让你释放这种激情。

“查克成功五角星”上的各个角代表成功创业者的生活方式，需要认真考虑这 5 个特质，把这些特质纳入我们的生命之中。

基于“查克成功五角星”，我们需要长期观察、了解创业者和成功的企业家，进一步探索符合自己的特质。创业是一项具有挑战性的社会活动，是对创业者综合能力的一种全方位的考验。创业者除特质以外，还需要不断提升工作能力，一般是通过教育、培训或在实践工作中积累工作经验而实现的。创业能力是实施创业和决定创业能否成功的关键。与对创业者特质的研究一样，不同学者对创业者应该具备哪些能力的理解也不尽相同。总结起来，创业者的能力可以理解为与个人心理特性相关的个人内在能力（包括责任感和领导力、分析决策能力、人际交往能力），以及与企业创建和运营相关的实践能力（例如，对市场的洞察力，评价创业机会的能力，创造性解决问题的能力，建立企业发展愿景，应对模糊、不确定性的能力，评估防范和治理创业风险的能力，团队合作和管理能力，营销和销售创意能力，资源整合能力等）。

关于创业者的特质与创业能力，在学术界没有普遍认可的统一的分类和理解。创业是一门实践的学问，希望读者日后不断审视创业者及成功的企业家，自己总结，并结合自身的实际情况不断提升。

知识点总结

1. “查克成功五角星”包含我们认为能驱动成功创业的 5 个特质：知识、人脉、精力、信仰、激情，无论是创业还是就业，想要成功的人都应培养或拥有这 5 个特质。

2. 基于“查克成功五角星”，我们需要长期观察、了解创业者和成功的企业家，进一步探索符合自己的特质。

3．创业能力是实施创业和决定创业能否成功的关键，可以理解为两类：与个人心理特性相关的个人内在能力和与企业创建和运营相关的实践能力。

1.3　认知创业团队

1.3.1　了解创业团队

“携程四重奏”是一个经典的团队合作案例，“携程四君子”季琦、梁建章、沈南鹏、范敏，每个人都有不同的专长。下面以“携程四君子”为例，说明创业公司应选择什么样的团队成员。

1 业务方面

季琦：在上海交通大学念机械工程硕士时，就自己开过计算机公司，拥有与生俱来的冲劲与生意头脑。还在企业中历任技术支持部工程师、销售工程师、项目主任、市场部经理等职。

梁建章：担任过美国 Oracle 公司的中国区技术总监。

沈南鹏：担任过德意志银行的董事兼中国资本市场主管。

范敏：担任过上海旅行社总经理、大陆饭店总经理。

2 个人技能专长方面

季琦：充满活力和创新意识。

梁建章：推出的六西格玛管理相当成功。

沈南鹏：善于运用资本，与国际资本谈判经验丰富，助推携程、如家上市。

范敏：带领携程从简单的机票预订产品向度假产品过渡，形成携程体系。

3 个人性格特征方面

季琦：不安于现状，敢于冒险。

梁建章：理性而又细致，不喜交谈，不爱交往，不善表达。

沈南鹏：性格直率，热情，敏锐。

范敏：兢兢业业，老成持重。

应当选择什么样的团队成员？采用相似性原则还是互补性原则？问题的答案取决于我们考虑的维度。

- 在知识、技术和经验方面的互补性非常重要。要建立优势互补的创业团队，主内与主外的不同人才、耐心的总管、具有战略眼光的领袖、技术与市场等各方面的人才固然不可偏废，在团队的搭配上更应注意个人性格与看问题角度的不同。

- 在个性、动机方面的相似性非常重要。个性、动机方面的相似性有助于团队交流沟通，从而形成良好的工作氛围及团队合作的精神和理念。这样的团队，会对创业项目更具有热情。

选择什么样的团队成员

团队需要多少人？创业是带领着一群人去实现一个愿景，需要一群人一起努力多年才可能成功，一个创业公司每个阶段需要多少人，不能一概而论，需要根据不同的情况来确定。这里引用清科集团的创始人、董事长兼 CEO 倪正东的观点。

- 联合创始人不要超过 3 个（除非起步就是个明星级的大项目，如小米）。
- 在没拿到投资之前，如果有盈利业务，人数不要超过 10 个；如果没有盈利业务，人数不要超过 5 个。
- 在拿到第一笔投资后，如果投资金额没超过 500 万元人民币，又没有客服和大量销售人员，人数不要超过 15 个。

公司人数是创业公司的第一天敌。创业不容易，如果从一开始就建立一个有效率的创业公司，那么成功的可能性会大大增加。

很多创业者在拿到 VC（风险投资）的资金后，会在第一年花掉资金的 50% ～ 80%，然后在第二年把剩下的钱花掉。他们融资后会雄心勃勃地干三件大事：扩大办公室或者搬入豪华办公室；涨工资，大幅招人；大幅增加市场营销费用。之后，他们没钱了，并处在生死边缘。很多创业者，都会因为曾经花钱太快而后悔。

下面给出几个高效的创业公司的案例。

190 人就能做 102 亿的生意

2016 年 6 月 21 日，腾讯公司宣布，确认收购日本软银集团所持芬兰游戏公司 Supercell 的股份，占股约 84.3%。这家收购后估值为 102 亿美元的公司，旗下共有“部落冲突”“皇室战争”“海岛奇兵”和“卡通农场”四款游戏。2015 年，这些游戏为 Supercell 带来 21.09 亿欧元收入（约 23.26 亿美元），净利润 8.48 亿欧元（约 9.64 亿美元）。Supercell 花了六年时间成为全球最赚钱的手游公司，但当时的 Supercell 只有 190 个人，其中一半是研发人员。这样算来，人均净利润达到了 500 万美元之多。

其每个团队由 7 个人组成，迅速开发游戏，然后迅速抛弃（但只有 1 个人能做出淘汰决定，就是拿出创意的人）。这种精简的组织机构是高效率的重要保障。

2. WhatsApp

2014 年，Facebook 以 190 亿美元收购了即时通信应用服务 WhatsApp，当时 WhatsApp 仅有 35 名工程师，但该应用的用户数量已经超过 4.5 亿。目前，WhatsApp 的用户数量超过 10 亿，但工程师仍旧保持在 50 人左右。

WhatsApp

1 名优秀的员工可以顶 50 名平庸的员工，并不是说 1 个人可以干 50 个人的工作，而是他可以影响到很多人，带动效率的提升。对于优秀的员工，只要告诉他要做什么事、要什么效果，他就会想办法搞定。越是出色的人，越善于在缺乏条件的状态下把事情做到最好；越是平庸的人，越是对做事的条件挑三拣四。

——乔布斯

所以，人才是企业发展的重要驱动力。

知识点总结

1. 在选择团队成员时，在知识、技术和经验方面要考虑互补性，在个性、动机方面要考虑相似性。

2. 公司人数是创业公司的第一天敌。创业不容易，如果从一开始就建立一个有效率的创业公司，那么成功的可能性会大大增加。

3. 人才是企业发展的重要驱动力。

1.3.2　组建创业团队

团队由少数人组成，这些人具有各项技能，为达到共同的目标相互承担责任。

创业团队由两人以上组成，团队成员具有共同的目标，彼此之间通过分享认知和合作行动共同承担创办新企业的责任，是由处在新创企业高层主管位置的人共同组建形成的高效工作团队。

创业团队具有 5 个构成要素：目标、人、定位、权限、计划。

（1）目标

确定的共同目标是创业团队的基础，是团队成员的导航。没有目标，这个团队就没有存在的价值。目标在创业公司的管理中，以创业公司的愿景、战略的形式体现。

（2）人

人是创业团队中最核心的力量。在一个创业团队中，人力资源是所有创业资源中最活跃、最重要的资源。应充分调动创业者的各种资源和能力，将人力资源进一步转化为人力资本。不同的人通过分工共同完成创业团队的目标。在人员选择方面，要考虑人员的个性、动机的相似性和知识、技术、经验的互补性。

（3）定位

创业团队在企业中处于什么位置？由谁选择和决定团队的成员？团队最终应对谁负责？团队采取什么方式激励下属？作为成员，在创业团队中扮演什么角色？是制订计划，还是具体实施评估？是成员共同出资委派某个人参与管理，还是成员共同出资、共同参与管理，或是聘请职业经理人管理？在创业实体的组织形式上，是合伙企业，还是公司制企业？

（4）权限

团队中领导者的权限大小与团队的发展阶段有关。一般来说，团队越成熟，领导者所拥有的权限越小。在团队发展的初期阶段，领导权相对比较集中。

（5）计划

提前计划是有效执行的重要保障，创业团队中需要有人负责把职责和权限具体分配给团队成员，并跟进成员的工作进度，必要时做出调整。为了实现最终目标，需要一系列具体的行动方案，计划是达成目标的具体工作程序。按计划进行，可以保证创业团队的进度，只有在计划的指导下，创业团队才会一步一步地贴近目标，最终实现目标。

世界上最好的团队是唐僧团队。唐僧是领导，也是最无为的一个；唐僧迂腐，只知道“获取真经”才是最终的目标。孙悟空脾气暴躁却有通天的本领，猪八戒好吃懒做但情趣多多，沙和尚中庸但任劳任怨，这样的团队无疑比“一个唐僧三个孙悟空”的团队更能精诚合作、同舟共济。这就是团队精神，有了猪八戒才有乐趣，有了沙和尚才有人担担子，少了谁也不可以，他们相互支撑，虽然关键时刻也会吵架，但价值观一直不变。

——马云

吴承恩的《西游记》用文学故事揭示了组织行为和人的性格特征，取经团队中的唐僧、孙悟空、猪八戒、沙和尚分别象征着完美型、力量型、活泼型、和平型 4 种性格特征。他们经历的九九八十一难，其实也是我们在人生和创业的艰难历程中可能遭遇的种种困难。所谓西天取经，也不单是指地理上的西方，而是指我们的心路历程，是人们战胜困难、战胜自我的过程，也就是成长的过程。

1 唐僧（完美型性格）

优势：勤于思考，喜欢探索人的心灵世界，追求至真至善的境界，能以缜密的思维和杰出的才华为世人奉献惊世之作；严于律己、目标长远、才华出众、崇尚美德，重感情、识英雄，乐于为自己选择的事业做好计划，并尽力确保每个细节都能做到完美无瑕。

劣势：时常敏感，易受伤害，遇到问题自责甚深，甚至“庸人自扰”。

完美型性格的人更愿意在所有事情中探索意义，比任何人都想得多、想得透，目光更长远；他们喜欢做战略计划，并会用高标准、严要求去执行这个计划；他们要在自己所在的领域内出类拔萃，通常是组织的领导人物。因此，作为完美型性格的杰出代表，唐僧责无旁贷地担起了取经的重任。

2 孙悟空（力量型性格）

优势：永远充满活力，不停地挑战自己的极限，对他来说，达成目标和成功非常重要。这种性格的人崇尚行动，通常是组织中的铁腕人物，喜欢控制，看重工作结果。

劣势：忽视人的感情，有时显得霸道、粗鲁和强硬无情，适合做业务骨干。

3 猪八戒（活泼型性格）

优势：情感外露，热情奔放，懂得在工作中寻找乐趣，是故事大王、大家的开心果。有他在，团队的生活就多姿多彩、笑声不断，是团队中的困境帮手。

劣势：语言的巨人、行动的矮子，说得多、干得少；凭兴趣做事，好逸恶劳、贪图享受、没有秩序，对团队缺乏责任心。

4. 沙和尚（和平型性格）

优势：能在暴风骤雨中确保稳定，原则性强，遵守游戏规则，习惯于避免冲突；友好平静，能直面一切困苦、麻烦；待人平和，是所有人的朋友。

劣势：存在感不高，给人一种没有主见、不热情、不愿负责的表现；没有太多激情，也很少讥讽别人；随遇而安、平庸无奇，没有进取心。

创业团队的构成原则

1. 互补原则

弥补创业目标与自身能力之间的差距，发挥出“1+1 ＞ 2”的协同效应。

2. 精简高效原则

为了减少创业期的运作成本，最大比例地分享成果，创业团队的人员构成应在保证企业高效运行的前提下尽量精简。

3. 动态开放原则

创业是一个充满不确定性的过程，团队中可能因为能力、观念等多种原因不断有人离开，同时也不断有人加入。因此，在组建创业团队时，应注意保持团队的动态性和开放性，使真正符合要求的人员加入到创业团队中来。

创业团队的组建没有统一的格式化规程，没有一支创业团队的组建可以被完全复制。创业者走到一起，多是兴趣相同、技术互补，有相同想法。马云曾说：“创业要找最合适的人，不要找最好的人。一支豪华的创业团队，所创办的企业不一定就是最好的企业。”

创业者在创办企业的同时，也在组建自己的创业团队。组建团队，就是一个寻找人才的过程。新企业由于自身的竞争力难以与成功的大企业相比，而所需的人才要求又较高，这就造成了创业团队的组建困境。如何解决这个问题，是考验领导才能的关键。

创业团队不必非要得到最优秀的人员，“合适”才是最重要的，而且创业公司在招聘的时候，并不是高薪就能吸引人才，创业公司的愿景、蓬勃的活力、优秀的企业文化才是吸引人才的关键因素。对于想加入创业公司的人来说，创业者的个人魅力、公司发展潜力、长远回报、个人价值等因素对他们的吸引力远比单纯的钱要大得多。在组建创业团队的过程中，应遵循以下原则。

（1）有共同的理想，利益兼顾

大学生创业时，首先会想到邀请自己志同道合的同学加入，形成创业之初的合伙人团队，这是创业团队的组建方式之一。这种情况在其他创业过程中也很常见。例如，“万通六君子”都是冯仑最早创业时的伙伴，当冯仑二次创业，创办万通集团时，这些人又先后加入。这种合伙人组合看似稳固，但也有很大的弊病。当公司发展渐渐步入正轨，运营平稳、利润增长时，个人的利益观念就会凸显，合伙人的一方会因为付出与得到的不相同而产生情绪，最终离开团队，带走一部分利润，影响公司的发展。因此，在组建创业团队时就应该考虑建立一个制度健全的组织形式和绩效制度，这样，公司就不会因为某个人的离去而无法正常运行。

（2）互补性团队

建立一支互补性团队有利于公司的发展，这种互补性是指在能力、观念，甚至技术上的互补，因为创业者在公司的管理上不可能面面俱到。技术型的创业者需要一个管理人才来帮助自己建立公司的组织结构，进行日常的绩效监督，财务管理也需要专业的人员。当创业者自己不能做这些工作时，可以由团队共同提出解决方案。这种平衡和补充可以保证新创办的公司健康发展。例如，高科技企业在建立之初，由于技术支持的重要性远高于其他方面，因此，在创办高科技企业时，需要找到一个技术方面的合伙人，来帮助自己提升产品与服务的优势。

（3）学会及时沟通

创业者在组建创业团队时，需要事先计划好：项目需要哪些方面的人员，需要他们从事什么样的工作，能够给予对方哪些有利条件等。创业者应当成为沟通高手，通过沟通，使双方了解彼此的需要，这样的招聘可以有针对性地找到合适的人选。创业初期，团队内的沟通也格外重要：一方面，通过沟通可以使团队成员相互了解，增加信任；另一方面，创业者也可以理解团队成员的技能优势、思想状态，提前做出决策。沟通的话题可以不拘泥于工作，家庭、业余生活都可以成为沟通的话题。

不同类型的创业项目所需要的团队不一样，组建创业团队的步骤也不完全相同。概括来说，大致的组建程序如下。

（1）明确创业目标

总目标确定之后，为了推动团队最终实现创业目标，可以再将总目标分解，设定若干可行的、阶段性的子目标。

（2）制订创业计划

一份完整的创业计划，必然包含创业核心团队计划和人力资源计划。通过创业计划，可以进一步明确创业团队的具体需求，如人员构成、人员素质和能力要求、人员数量要求等。创业团队的组建需要契合创业计划的要求，以匹配创业项目的运行。

（3）招募合适的人员

招募合适的人员是组建创业团队时最关键的步骤。关于创业团队成员的招募，主要应考虑两个方面：一是互补性，一般而言，创业团队至少需要管理、技术和营销三个方面的人才；二是人员数量，规模最好控制在 2 ～ 12 人，适度的团队规模是保证团队高效运作的重要条件。若团队成员太少，则无法实现团队的功能和优势；若过多，则可能产生交流的障碍。

(4) 职权划分

根据执行创业计划的需要，具体确定每个团队成员所要担负的职责及享有的相应权限，实现“人人有事做，事事有人做，做事有权限，做完有收获”。

(5) 构建创业团队制度体系

创业团队的制度体系体现了创业团队对成员的控制和激励能力，主要包括团队的各种约束制度和激励制度，团队初期要处理好资金管理、利益分配的问题。

(6) 创业团队的调整融合

随着创业团队的运作，团队组建时在人员匹配、制度设计、职权划分等方面的不合理会逐渐暴露出来，这时就需要对团队进行调整，这是一个动态持续的过程。

知识点总结

1. 创业团队构成的五要素：目标、人、定位、权限、计划。

2. 创业团队的构成原则：互补原则、精简高效原则、动态开放原则。

3. 创业团队的组建程序：明确创业目标、制订创业计划、招募合适的人员、职权划分、构建创业团队制度体系、创业团队的调整融合。

1.3.3　管理创业团队

创业团队的运作离不开良好的创业团队管理，管理创业团队需要做好三件事：确定一名优秀的领军人物、组建核心团队（总经理）、建立良好的治理结构。

1. 确定一名优秀的领军人物

核心创业者的领导对创业团队的管理起到至关重要的作用。历史上，每个伟大的企业都是由一个伟大的领军人物缔造的，如联想控股的柳传志、海尔的张瑞敏、红塔的褚时健、苹果的乔布斯、微软的比尔·盖茨等，换一个领军人物，或许难以看到这些企业的成功。领军人物是团队形成和发展的关键人物。优秀的领军人物要善于发现和解决问题；对于行业趋势和前景要有自己的见解和精辟的分析；对企业短、中、长期目标要有详细规划；要能吸引有能力的人加入团队，激励团队的士气，传授经验。领军人物需要强大的心力、智力和体力。据统计，世界上只有不到 10% 的人适合创业，适合创业的人之中也只有不到 5% 的人适合当领军人物。如果创始人当中没有人适合做领军人物，那么这时创业的首要任务是去寻找一个能胜任的领军人物，邀请他加入并委以重任。敢于让贤的创业者更值得尊重，更接近成功。

需要注意的是，创业公司的领军人物必须是股东，如果领军人物不是股东，也就意味着他和股东的利益是不一致的，在遇到重大决策时可能会出现问题。

理工科的大学生创业，多数要创办技术型科技企业，很多创业公司的创始人都是技术专家，也由此导致了很多创业公司的领军人物是技术专家，所以常会遇到以下四个误区。

四个误区

- 技术自负：认为技术决胜且只有自己的技术最佳，把技术等同于经营。
- 藐视管理：以技术概念理解管理，崇尚无序，拒绝规范。
- 独享心态：不认同产业链，妄图全部自力更生。
- 拒绝授权：只愿意自己把握航向，自己决策，不愿意授权他人。

如果能突破这四个误区，那么技术型领军人物所带领的企业会走得更远。

2．组建核心团队（总经理）

如何当总经理？初创项目需要核心团队来推动，核心团队或许只有创始人自己，或许和其他人合作，但是大多数创业者都是第一次担任总经理的角色，如何当好一名总经理是困扰大家的问题。

（1）总经理的工作目标

总经理的长期目标是让企业成为市场上数一数二的企业，并追求长期发展。为实现目标，总经理需要制定企业的发展战略，并在战略指导下领导实施。战略会涉及研发、推广、组织结构、人力资源、管理制度等多个方面。总经理的中短期目标是让企业的收入和利润按计划逐步提升，产品计划、市场计划、激励机制等属于中短期目标的实现方法。

（2）总经理的日常工作

总经理在开展工作时，在宏观上要践行管理三要素（建班子、定战略、带队伍），这是柳传志先生提出的著名的管理三要素。

- 建班子：人对了事才能对，让每个方向都由一个胜任的领军人物来负责。这是总经理的第一要务。

- 定战略：经营的前提是有一个战略，包括中长期战略及年度工作计划，即目标、方法、资源和激励。这是总体工作的指导，有了这个指导，剩下的就是执行的问题。

- 带队伍：带队伍的核心就是宣传企业文化，践行企业文化。

在微观上按照执行四步法（设目标、控进度、抓考评、理规范）来工作。总经理应该亲自设计企业的管理工具，包括制度、流程、表格、IT 系统及企业持有的一些工作方法等。管理思想的理解和执行，经营计划的实施，都需要有效的管理工具，都必须和有效的管理工具相结合。

3. 建立良好的治理结构

吴敬琏先生认为，所谓公司治理结构，是指由股东、董事会和管理层三者组成的一种组织结构。在这种组织结构中，上述三者之间形成一定的制衡关系。通过这种结构，股东将自己的资产交由公司董事会；公司董事会是公司的最高决策机构，拥有对管理层的聘用、奖惩及解雇权；管理层受雇于董事会，是在董事会领导下的执行机构，在董事会授权范围内经营公司。

公司治理结构的核心是解决两个问题：第一，公司的股东构成及其相互比例关系；第二，董事会和管理层之间的权利分配。

股东是创业者一辈子的合作伙伴，如何选择股东、设置股东结构、激励股东为公司做贡献是每个创业者都应该深入思考的问题。

（1）股东人数

创业公司的股东人数最好为 3 ～ 5 人。股东太多会导致沟通困难，任何决议都很难达成，尤其是融资并购等重大事项（需要股东发表意见的事情）。股东太少也容易出问题，例如，如果只有两个股东，那么产生分歧时将没有缓冲余地，分家的情况难以避免。

（2）股东股权比例

建议大股东持股不超过 45%，二股东持股不超过 30%。主要把握两个原则：一是大、小股东之间的持股差距不要太大；二是企业必须有一个大股东。股权分配的时候不宜一股独大，这会使大股东的意志高于董事会的决策，更不能几个人平均分配，这样会埋下重大隐患。

（3）股东选择

股东应该涉及经营层、管理层，否则容易导致角色错乱。经营层之外的人会提供不一样的视角，但如果股东都是管理层人员，说明股东层次不够高，缺乏资源更强大的股东。

（4）股权与期权激励

创业公司至少要保留 10% 以上的期权给联合创始人以外的所有经营团队分享，而且这些期权应该等到企业基本稳定时再根据团队的实际贡献及对未来的价值分配来发放。期权应该发放给对企业未来至关重要的、对企业成功起到核心作用的人。创业者可以事先告诉员工们预留了一定比例的股份，未来会根据贡献公平分配。

早期公司的期权对于大多数基层员工的激励作用是有限的，甚至在中后期时，激励也很有限，很可能分配 1 万期权不如加薪 10% 来得直接。所以，最好的做法不是分散分配期权，而是对大多数人员采用加薪的激励方式，把期权集中起来激励少数中高层。

创业团队的激励，采用正确的激励方式才会有效果。以精神激励为基础，以物质激励为主体，综合使用工资、奖金、股权和期权等工具，长短期结合的激励方式非常有效。激励分为短期（工资）、中期（年度奖金）、长期（股权和期权）三种形式，应该组合使用，较低级别岗位的人员以短期为主，较高级别岗位的人员以长期为主，中层岗位的人员以中期为主。

激励机制一定要公平。管理者在设计薪酬体系时，员工的经验、能力、努力程度等应当在薪酬中获得公平的评价。杜绝平均主义，更不要把激励当成贿赂或拉拢朋党的纽带，否则不但无法达到效果，还会严重挫伤员工的积极性和创造性。

创业团队的管理是一个复杂的过程，每个团队都有各自的特点，需要创业者自己因地制宜地思考和寻找适合自己团队的管理方式，不断矫正，不断发展。

知识点总结

1. 核心创业者的领导对创业团队的管理起到至关重要的作用。

2. 总经理在开展工作时，在宏观上要践行管理三要素（建班子、定战略、带队伍），在微观上按照执行四步法（设目标、控进度、抓考评、理规范）来工作。

3. 公司治理结构的核心是解决两个问题：公司的股东构成及其相互比例关系，董事会和管理层之间的权力分配。

参考文献

[1] 蒂莫西・克拉克，亚历山大・奥斯特瓦德 . 商业模式新生代（个人篇）：一张画布重塑你的职业生涯［M］. 毕崇毅，译 . 北京：机械工业出版社，2012.

[2] 王帅，等 . 商业模式新生代［M］. 北京：机械工业出版社，2011.

[3] 彼得・蒂尔，布莱克・马斯特斯 . 从 0 到 1 ：开启商业与未来的秘密［M］. 高玉芳，译 . 北京：中信出版社，2015.

[4] 孙陶然 . 创业 36 条军规［M］. 北京：中信出版社，2015.

[5] 马杰，钟云跃 . 大学生涯规划与职业发展［M］. 北京：中国时代经济出版社，2015.

[6] 戴维・罗斯 . 创业清单［M］. 桂曙光，魏亦萌，译 . 北京：中国人民大学出版社，2017.

[7] 聂辉华 . 跟西游记学创业：一本人人都要读的管理秘籍［M］. 北京：中国人民大学出版社，2015.

[8] 潘卡基・马斯卡拉 . 为创业而生 ：写给创业者的创业书（干货版）［M］. 北京 ：中国人民大学出版社，2017.

第2章

商　机

2.1 “互联网 +”的机遇与挑战

2.1.1 创意、创新与创业

大学生创业往往需要从发现创业机会出发，创业公司通过具有创新性的产品满足用户的需求，通过有效的商业模式进行发展，成功的创业公司最终以公司上市或被并购作为结束。在这个过程中，有三个极为关键的词：创意、创新和创业。

创意是指创新思维意识，通过创意，创业者能够进一步挖掘和激活资源组合方式，进而提升资源价值。跳出原有框架、重新定义事物之间关系的创意可以应用到生活的各个方面，而我们在创业过程中所谈论的创意主要是商业创意。

创意的产生不是一蹴而就的，它可以通过以下六个方面的积累而产生。

- 创意点子：通过基础科学和知识产生创意点子，创意点子是大学生创意的根本来源。
- 社会问题：思考创意点子能解决的社会问题，“哪里有问题，哪里才会有市场”，通过分析社会问题和用户痛点，为创意点子制定更明确的商业模式和盈利模式。
- 研究创新：通过资金和专业指导，弥补创业者不了解用户和产品的不足。
- 内部促进：生态系统内部相互促进，降低创新的风险，确保创新的收益。
- 外部支持：生态系统外部提供支持，培养并归纳创新的想法。
- 企业家落地：通过拥有冒险精神、洞察力和执行力的企业家，将创意点子落地。

创新是指创造新的事物，具体包括科技创新、文化创新、制度创新等多种形式。

创新也是创意实施的具体途径。具体来说，在一个创意确定之后，创业者必须依据一定的方法来分析，以判断能否通过该创意生成成熟的产品或服务。而创业者所采用的方法就是“创新”方法，商界领袖也正是通过创新把创意变为有利可图的产品或商业模式的。

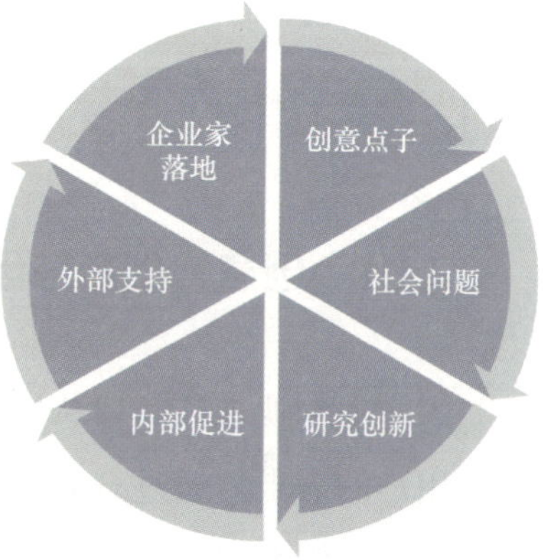

创意的来源

创新的方法可以分为技术推动型创新和市场推动型创新。技术推动型创新始于基础研究，通过应用级研究衍生出产品构想，再对产品进行开发、生产和销售，进而形成一定的市场规模。市场推动型创新则源自市场需求，通过用户需求产生产品构想，再对产品进行开发，而开发的过程也需要应用基础研究的成果。

两种方法虽有不同，但从创业的角度来看，两种方法都用最新的科技将创业转化成能够满足社会需求的产品或服务，而最新的科技也就成了贯穿创意、创新和创业的核心纽带。

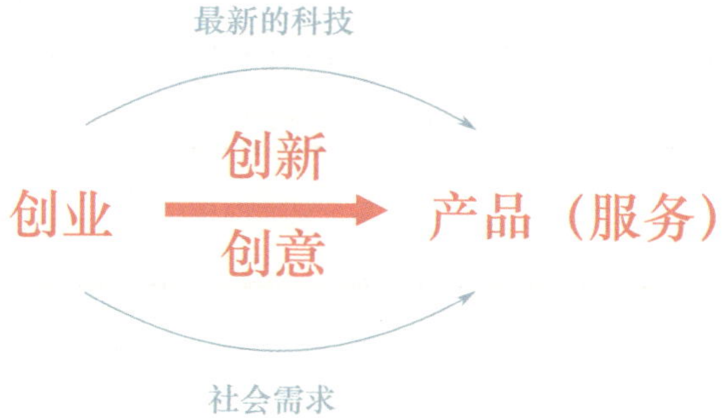

创意、创新和创业的关系

著名支付工具 PayPal 的创始人之一彼得·泰尔认为，人类社会的进步有两种方式：一种是横向发展，也就是从 1 到 N 的过程，复制并优化社会现存的某种模式并将之规模化，企业获得利润，社会得到进步；另一种是纵向发展，直接从 0 跨越到 1，通过不断试错，推出新的模式或产品。

在彼得·泰尔看来，创业团队要做的就是从0到1的事情，这是一种垂直且深入的进步。从0到1，选择的切入点往往非常小，并且从直觉上来说，它并不一定是人们的刚需。但往往非常小的切入点，却能获得比现存市场更大的收益。如果在创业初期就进入已经充分竞争成熟的市场中，创业团队很难取得垄断地位，不能垄断稳定的利基市场[1]，也就很难向更广阔的市场扩展。

一般来说，从1到N是传统行业的发展模式，同行业的企业比的是谁的资源多、渠道广，谁的广告打得够多、够好；而从0到1则是互联网这种新兴技术型行业的发展模式，比的是创新，是与众不同的创造力。

可是，如今的互联网行业中，却有很大一部分人曲解了创业的含义，正走在从1到N的道路上。一旦有人做出了那个“1”，往往就会有无数人前仆后继地把1变成100，把100变成10000。我们都知道“人满为患”这个词，当N大于100时就已经是“患”了。这时，巨头们开始把钱砸入市场，创业公司只能沦为成功者的“分母”。

值得警醒的是，从1到N并不是创业，而是复制，是在巨头垄断之下的求生；真正的创业应该完成从0到1的过程，挖掘差异化的创业方向才是真正的生存之道，互联网行业的本质是创新和不断突破。从0到1，意味着开创一项前所未有的新事业，并且将有无限广阔的空间让你展示才华和挥洒汗水。

并不是所有赚钱的项目都是好的创业项目，在路边摆摊也能赚钱，但从机构投资人的角度来说，那叫做谋生。客户价值、盈利模式和持续成长才是大部分投资人关注的核心。

当前，互联网和传统产业深度融合，万物互联、数字化和智能化的趋势已经形成，新的技术、模式不断革新传统产业并创造新的业态。当今时代既是创新的时代，又是创业的时代，创新创业不再是少数人的机会，而是多数人的机会。特

[1] 利基市场（Niche Market）：在较大的细分市场中具有相似兴趣或需求的一小群顾客所占有的市场空间，也就是高度专门化的需求市场。

别是在经济发展进入新常态的时代背景下，创新创业已成为引领新常态、实现新发展的强大动力。

从政策层面上看，对新的经济发展方式，国家形成了新的指导理念，对技术创新、模式创新，国家形成了良好的政策环境。在大力推进“大众创新、万众创业”的同时，“一带一路”等倡议不断创造新的发展机遇。

从市场层面上看，当前整体经济配套设施已经趋于成熟，市场在众人面前展现出“机会平等”的经济特性，资本市场上的资金会流向能够发现商机和把握机遇的创业团队。

从大学生层面上看，互联网时代的创业启动资本通常较低，真正有创业头脑和相关知识的大学生能够以较低的物质成本来实践自己的创意点子。

此外，社会上也有大量创业模范人物供大家参考，无论是马云、雷军、马化腾等成功的企业家，还是正在创业路上的模范大学生，他们的成长经验和感悟都值得学习。政策鼓励、市场开放、更低的物质成本、更多的角色模范，现在是非常好的创业时代。但创业路上也充满着困难与挑战，希望心怀梦想的创业者能够拥有坚韧的品质，掌握科学的方法论，勇敢前行，以创新创业精神谱写壮丽青春。

知识点总结

1. 创意通过日常的积累产生，创新是创意的实现过程，但从创业的视角来看，无论是技术推动型创新还是市场推动型创新，都需要用最新的科技将创业转化成能够满足社会需求的产品或服务。

2. 真正的创业是从 0 到 1 的过程，互联网行业的本质是创新和不断突破，应挖掘差异化的创业方向，拒绝简单的复制和模仿。

3. 现在是非常好的创业时代，但也要求创业者拥有坚韧的品质、掌握科学的方法论。

2.1.2　什么是“互联网 +”

1.“互联网 +”的概念

2015 年 3 月 5 日，李克强总理在“政府工作报告”中首次提出“互联网 +”行动计划；同年 7 月，国务院印发《国务院关于积极推进“互联网 +”行动的指导意见》，确定了“互联网 +”创业创新、“互联网 +”协同制造、“互联网 +”智慧能源等 11 项重点行动，明确了未来 3 年及 10 年的发展目标。

“互联网 +”是知识推动创新背景下的互联网形态的演进，这一行动计划的提出为我国经济发展提供了新引擎，也为“大众创业、万众创新”提供了社会环境。在这一时代大背景下，理解“互联网 +”的概念与核心也成了所有创业者的必修课。

《国务院关于积极推进“互联网 +”行动的指导意见》中指出，“互联网 +”是把互联网的创新成果与经济社会各领域深度融合，推动技术进步、效率提升和组织变革，提升实体经济创新和生产力，形成更广泛的以互联网为基础设施和创新要素的经济社会发展新形态。

但“互联网 +”不同于传统工具，它更具生态性要素，它具有跨界融合和连接一切的特点，它也有很强的协同性、全局性和系统性。值得注意的是，“互联网 +”并不是一个冷冰冰的概念，它与我们的生活和事业紧密地联系在一起。每个人都可以对“互联网 +”进行解读，马化腾、雷军、李彦宏等深耕互联网产业的行业专家就都给出了自己的理解。

马化腾是怎样理解“互联网 +”的？“互联网 +”就是利用互联网平台，利用信息通信技术，把互联网和包括传统行业在内的各行各业结合起来，在新的领域创造一种连接一切的新生态。

可以发现，“互联网 +”就是要发挥互联网在经济发展和社会生活中的基础性作用。从落脚点上看，官方表述是“经济社会发展新形态”，马化腾提到的是“连接一切的新生态”，前者更宏观，强调了整体和大局，后者则更基础，更具有科技感。

“互联网 +”代表了一种新型的社会形态，即在社会资源的集成和优化配置中充分发挥互联网的作用。简单地说，就是“互联网 +××× 行业 = 互联网××× 行业”，但实际的效果绝不是简单相加。“互联网 + 传统集市”成就了现在的淘宝，“互联网 + 传统交通”成就了如今的滴滴，“互联网 +”不仅全面应用到了第三产业，形成了诸如互联网金融、互联网交通、互联网医疗、互联网教育等新生态，而且正在向第一和第二产业渗透。

理解了“互联网 +”的定义，不妨再看看“互联网 +”的具体行动计划。“政府工作报告”中提出，要重点促进以云计算、物联网、大数据为代表的新一代信息技术与现代制造业、生产性服务业等的融合创新，发展壮大新兴业态，打造新的产业增长点，为大众创业、万众创新提供环境，为产业智能化提供支撑，增强新的经济发展动力，促进国民经济体制增效升级。

2. 理解“互联网 +”

若要更透彻地考察“互联网 +”，就要理解其产生的时代背景，整体把握其本质属性，同时从不同的维度多层理解、区别看待。

综观信息化时代的发展历史，如今的信息化建设架构、业务系统建设方式和基础设施建设等方面都发生了巨大变化，新一代信息技术极大地拓展了信息化作用范围与形式，为我国经济转型带来了极佳的历史机遇。德国“工业 4.0”，美国“工业互联网”的提出为我国带来了严峻挑战，在信息化迫切需要吹起新的集结号角的大背景下，“互联网 +”应运而生。

从整体上看，“互联网 +”是对新一代信息技术与新一轮信息化相互作用、共同演化并推进经济社会发展新形态的高度概括。新一代信息技术的发展催生了新一轮信息化的发展，而新一轮信息化的探索又反过来重塑了物联网、云计算、社会计算、大数据等技术的新形态。与传统信息化的纯技术工具属性不同，“互联网 +”将技术与商业模式联系在一起，而互联网思维作为“互联网 +”的核心理念，推动整个经济社会的跨界融合和三大产业的共同发展。

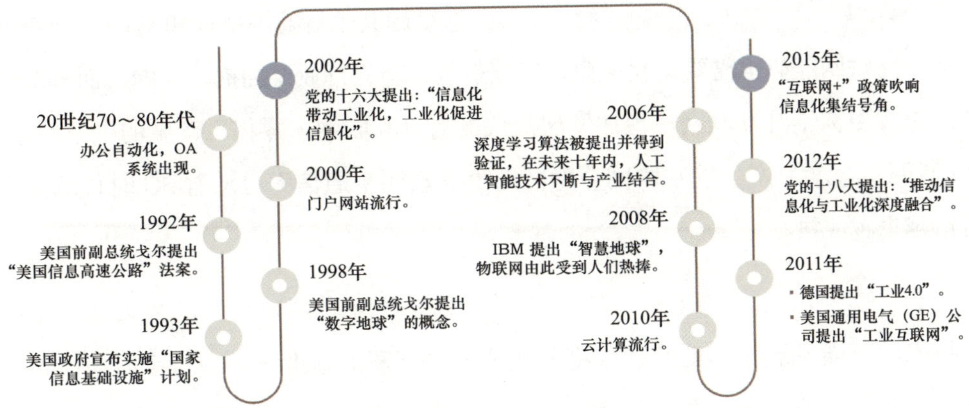

信息化发展历程

在整体把握“互联网 +”之后，我们可以从以下五个层次具体分析，并据此梳理出有关该行动计划的更清晰的脉络。

第一个层次：“互 + 联 + 网”。互联网的本质是通过连接形成交互，并将各种信息纳入网络或虚拟网络中。信息通信技术打破了距离和空间的限制，虚拟与现实都成为了一种真实的存在，每个个体都被自觉或不自觉地划分到不同的社群和网络中；从另外一层意思上讲，互联网产业的企业和从业者也要有主动“+ 别人”的意识，不囿于既得利益，主动构建面向连接的联盟和生态圈才是互联网时代的生存之道。

第二个层次：“互联网 + 移动互联网 + 云计算 + 大数据 + 安全云库 + 万联网 + 产业互联网”。所有形态的互联网都是以连接作为目标，以互联互通作为准则的。如果单纯地说某一方面的网络连接，而不谈论其与更大网络之间的关联，那么它本身就是与“互联网 +”的核心相违背的。万物互联，不论何种网络，都不应该成为信息的孤岛。

第三个层次：“互联网 + 人”。在移动互联网时代，智能手机这个工具正在逐渐演变成人类的智能化“外部器官”，移动设备让用户的触觉、听觉、视觉都持续在线并且无处不达。“互联网 + 人”是“互联网 +”的起点，也是“互联网 +”的最终归宿，它是“互联网 +”的决定因素，也是“互联网 +”可以向更深、更广的方向延伸的驱动力所在。

第四个层次："互联网＋其他行业"。这里的其他行业不能简单地归类为传统行业，互联网产业也需要自我革命、持续迭代。新兴行业要拥抱互联网，而创新创业的过程更离不开互联网。现在发展最快的有"互联网＋零售"产生的电子商务，"互联网＋金融"产生的互联网金融，而"互联网＋通信"也随着5G时代的到来变得越来越成熟。

第五个层次："互联网＋∞"。连接一切是"互联网＋∞"的最大特性，随着技术的不断发展，移动互联或将演变成万物互联的新形态。在这个阶段，以万物有芯片、万物有传感器、万物有数据、万物有智慧、万物皆在线为基础，人、数据和设备之间自由沟通，产品、流程、服务各环节紧密相连。同时，可能有各种各样的排列组合，蕴含形如"互联网+X+Y"的基本模式。例如，在鞋子上装备传感器，后台经过云计算、大数据分析后，能得出相关各项信息。有了这些数据，制鞋商可以完成单品生产、个性化定制，甚至做到一人一服务，形成"互联网＋智能穿戴＋生产制造"的新模式。

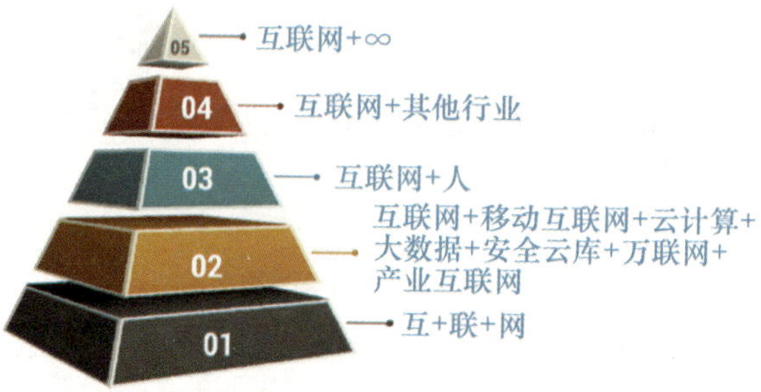

"互联网＋"的五层理解

其实，不应该教条地套用"互联网＋"的含义，对于"互联网＋"本身也需要进行更具结构化的观察和更超脱的定义，要在学习、生活中仔细体会"互联网＋"在不同场景中不同的衍生内涵和表现形式。

在了解"互联网＋"的核心之后，或许创业者心中还有很多疑问。互联网到底如何"+"？身处其中的创业者有什么新的机会？这样的时代存在哪些风险和挑战？

3. 两个核心问题

可以把以上问题归为两大类。

- 在“互联网 +”的整体演进过程中，究竟如何“+”？
- 身处“互联网 +”时代的企业，如何正确“+”？

可以从下面这张图出发，思考这两个问题的答案。通过这张图，可以简要看到“互联网 +”的前世今生，也可以看到“互联网 +”各个阶段最核心的体现。

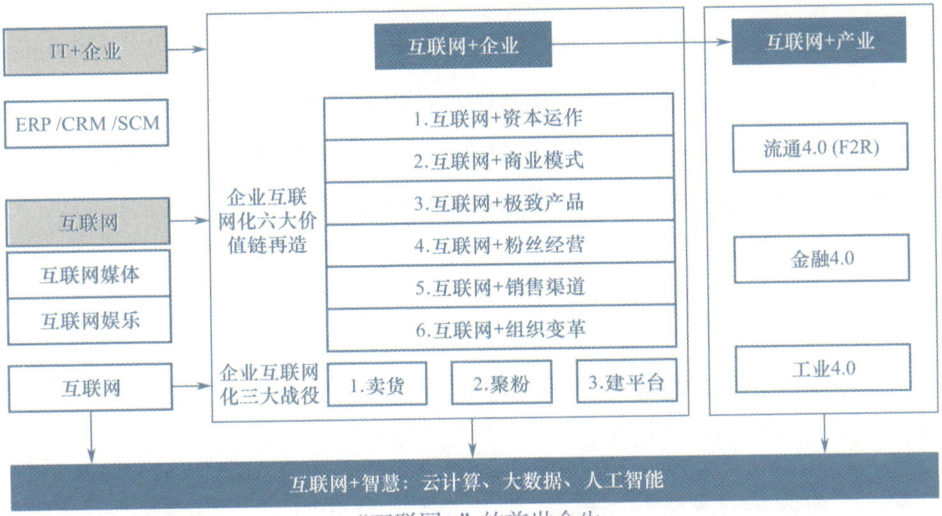

“互联网+”的前世今生

前“互联网 +”时代分为两个阶段，一个阶段是“IT+ 企业”阶段，主要体现在企业经营管理信息化的全面应用。那段时间兴起了非常多的技术公司和咨询公司，大量传统企业开始应用 ERP/CRM/SCM 等工具来实现企业内部运营管理的流程化、数据化。

另一个阶段是“互联网”阶段，大量互联网媒体、互联网娱乐公司涌现。这个阶段，互联网与传统企业更多的是业务上的交集，而不会影响传统企业本身的商业模式。

之后进入“互联网 +”时代，从演变来看可以分成三个阶段。

第一个阶段是“互联网 + 企业”，也就是传统企业的互联网化。从 2008 年开始，消费品企业成为互联网化的前沿阵地，在实践中，企业要有互联网化的战略，内部价值链需要进行互联网化再造。在此阶段，从顶层的商业模式创新，到基础的组织架构变革，从核心业务的产品、用户与渠道的关系，到资本运作的具体方式，都因“互联网 +”发生了根本变化。

第二个阶段是“互联网 + 产业”，也就是对产业上下游的互联网化。从 2013 年开始，各领域工业产品和生产资料的互联网化迸发出来。这个过程的具体表现形式有诸多可能，这里给出三种典型应用。

一是流通 4.0，其中的一个典型模式是 F2R，即从 Factory（工厂）到 Retailer（线下零售终端），其本质是通过互联网把供应商、制造商、消费者紧密联系在一起，实现增收（上游拓展渠道）、节支（下游降低采购成本）、提效（提高整个产业链系统的运作效率），在为上下游用户创造价值中实现自身的价值。

二是金融 4.0，即在规避 P2P 风险的基础上，借助流通 4.0 中的交易平台提供高效的在线供应链金融。

三是工业 4.0，是由德国率先提出的高度灵活的个性化和数字化的智能制造模式。

第三个阶段是“互联网 + 智慧”，这也是“互联网 +”的未来，从互联网到企业产业，所有经营活动都将数字化并深度融合，依赖于大数据、云计算和人工智能等技术的发展。

当今社会正处于从第二阶段向第三阶段飞跃的时期，若想在这个时期做到正确“+”，企业就要在理解“互联网 +”核心的前提下，把控整体演进节奏，紧跟经济演变动态，洞察技术发展趋势，不畏未知与挑战，在思考与奋斗中造就“互联网 +”时代下的辉煌成就。

知识点总结

1. 简单来说，“互联网 +”就是要发挥互联网在经济发展和社会生活中的基础性作用，以此来推动经济社会的跨界融合和新一轮的信息化发展。

2.“互联网 +”可以从五个层次具体分析，以“连接”作为根本特点，以“整体性”作为重要属性，以“人”作为关键因素，以“其他产业”作为作用载体，以“万物互联”作为未来形态。

3. 在经历了企业互联网化和产业互联网化之后，“互联网 + 智慧”作为未来发展的方向，要求企业在理解“互联网 +”核心的前提下，把控整体演进节奏，紧跟经济演变动态，洞察技术发展趋势，在思考与奋斗中造就“互联网 +”时代下的辉煌成就。

2.1.3 什么是互联网思维

互联网思维就是用互联网的方式去想问题，它是互联网时代的一种处理问题的思维方式。在网络上，互联网思维也被广泛地讨论，有人认为它是包治百病的灵丹妙药，有人认为它是虚无缥缈的无聊概念。

1. 互联网思维

互联网思维是在移动互联网、大数据、云计算等技术不断发展的背景下，对市场、用户、产品、企业价值链乃至整个商业生态进行重新审视的思维方式。值得注意的是，不是产品连上了网，它就运用了互联网思维，也不是只有互联网公司才需要互联网思维，互联网思维的本质是对传统企业价值链和商业生态的重新审视，这种新型思维方式的意义值得我们深入挖掘。

如同“互联网 +”的概念，互联网思维的定义可以在内核不变的前提下拥有多种表述方式，互联网界的很多专家就都给出了自己的解读：小米公司董事长雷军将互联网思维总结成七个字“专注、极致、口碑、快”；马云则将互联网思维总结为“创造明天的外在动力”；360 公司创始人周鸿祎认为“互联网思维包含用户至上、体验为王、免费为王、颠覆式创新”等内容。这些定义的说法不同，描述也各有侧重，但围绕互联网思维的关键词，如参与感、免费思维、数据思维、快速迭代、平台思维、极致思维等，都是受到广泛认同的互联网思维的具体形式。

理解了互联网思维的概念以后，如何将其从挂在嘴边的说法变为落在实处的工具呢？又如何让企业利用互联网思维创造更大的价值呢？

2. 用互联网思维改造能源行业

能源资源是国民经济发展的重要物质保障和增长动力，但长期以来，我国能源行业粗放式的发展模式也产生了能源综合利用水平不高及交易体系不完善的问题。利用互联网思维的七大招式或许可以创新性地解决能源行业面临的各种问题，有效地改造传统的能源行业。

第一招：用户思维。用户思维是能源互联网思维的核心，要求企业必须从市场定位、产品研发、生产销售乃至售后服务整个价值链的各个环节建立起“以用户为中心”的企业文化，把产品、服务和用户体验做到极致，而不仅仅是扩张产能、降低成本。长久以来，我国能源行业的集中度高，市场竞争意识较弱，而互联网思维就是要将一个集中式的、生产者控制的能源系统转化为用户导向并辅以大量分布式子网的新型系统。例如，光伏电站开发时，不仅要做到高质量交付，还要考虑大部分电站业主并非专业的电站管理者，考虑不同业主的电站使用习惯，为用户提供高质量、个性化的电站托管和运维服务，让用户能够放心发电、省心管理。

第二招：极致思维。极致思维就是要把产品服务及用户体验做到极致，挖掘隐藏的消费者期望，把握用户的微小需求，并提供超越用户预期的服务。我们可以抓住痛点、痒点、兴奋点和卖点打造极致的产品。在能源行业中，在纽交所上市的 Opower 公司，通过互联网交互平台分析家庭电费账单，帮助家庭用户节省生活中不经意浪费的能源，以 Opower 为代表的企业，不忽视任何一个不起眼的需求，提供极致服务，以有效地吸引家庭用户购买其他的增值服务。

第三招：流量思维。对于很多互联网企业来说，流量意味着体量，体量意味着分量，滴滴和快滴之争、饿了么和美团的补贴大战说到底都是为了在行业发展初期抢夺流量，以占领更大的市场份额。在实际的行业竞争中，免费往往就成了获取流量的首要策略，但值得注意的是，免费可以作为一种营销手段，但绝不是一种商业模式，免费战略需要考虑的核心是如何将流量变现。

抓住痛点、痒点、兴奋点和卖点打造极致产品

在能源行业应用流量思维可以有三种方式：一是提供免费的基础服务，但对增值服务收费，有一家智能风机企业就通过免费建站吸引用户，再通过销售运维服务变现；二是短期服务免费、长期服务收费，如光伏电站服务企业向市场免费提供较简单的气象预报服务，但长期精准的气象预报服务则需要收费；三是由第三方付费，例如，向用户提供免费的数据检测服务，并将数据报告出售给有融资和交易需求的金融机构实现变现。

第四招：社会化思维。社会化商业的核心是群体创造，利用社会化媒体，可以重塑企业和用户的沟通关系；利用社会化网络，可以重塑组织管理方式和商业运作模式。在互联网行业，维基百科这一产品利用的就是强调平等协作的众包[1]模式。在能源互联网中，每个分布式发电项目和微网都是一个众包单元，这些单元通过协作互补构成一张智能强劲、绿色经济的电力网络。这个系统对于每个参与的个体角色来说都是公平的，协作代替了传统的电网调度指令，每个人都能作为能源互联网的重要主体参与需求侧管理，成为电力网络极为重要的末端细胞。在能源互联网时代，电力系统将化整为零成为微型单元，再通过众包聚沙成塔，组成高效的分布式网络。

[1] 众包指的是一个公司或机构把过去由员工执行的工作任务，以自由、自愿的形式外包给非特定的（而且通常是大量的）大众志愿者的做法。

第五招：大数据思维。大数据思维的核心是理解数据的价值，并通过数据处理创造商业价值，它为能源企业的发展提供了一种创新思维。通过数据分析做到对用户的深入洞察，从而提供精准的服务和营销，获得科学的管理决策能力，最大化资产效能并最小化污染。

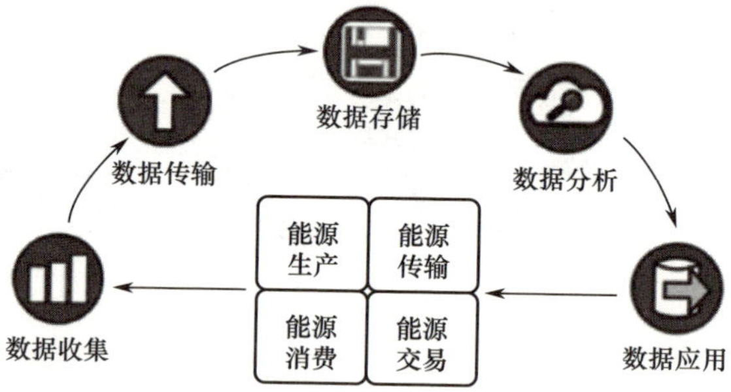

大数据思维在能源行业中的应用原理

在能源行业中，大数据记录了所有“用电器”和“发电器”的功率曲线和用户的用电习惯，通过分析和优化，发电企业和电网管理企业可以精心管理和调度系统内的电源，实现每个电站，甚至每一台设备的最大化输出，并实现投资回报最大化。其实，能源互联网能产生巨量能源电力消费数据，除能源领域之外，还有难以想象的商业价值。假设有互联网公司能够通过电力数据采集，掌握每个家庭的开关灯时间，推断出用户的作息规律和生活习惯，那岂不就可以非常有针对性地向用户提供出行方案和家庭娱乐方案？类似的能源大数据在其他领域的应用还有无数种可能。

第六招：平台思维。平台思维是互联网时代的驱动力，说到底就是开放、共享、共赢的思维。在能源领域，可以让各类型的分布式发电设备、储能设备和负载设备组成微型能源网络进行互联，实现上述设备的“即插即发、即插即储、即插即用”及无差别的对等互联。但是，并不是所有的能源企业都具备构建生态型平台的实力，那就要考虑怎样利用现有的平台在细分领域潜心发展，例如，构建光伏电站运维系统、智能楼宇能源管理平台等。单一的业务不具有持续生命力，将来能源互联网行业的竞争必然是平台之间乃至生态圈之间的竞争。

第七招：跨界思维。跨界思维本质上是高效率整合低效率的过程。随着互联网技术的发展和“互联网 +”的提出，物理世界与虚拟世界开始融合，行业的边界也变得模糊，制造、公用事业、环保、能源等传统行业正在迅速被互联网融合。

在能源行业内部，跨界经营并不少见，在中国，协鑫集团这样传统的火电企业正在进化为综合性能源供应企业。而能源行业同其他行业的融合业务也涌现出来，支付宝成为售电平台，华为推进光伏电站运维业务，电动汽车企业经营微型电网业务，甚至电信运营商都成为能源行业的重要参与者。未来类似的跨界整合越来越多，企业要勇于打破利益分配格局，敢于自我颠覆和革新，把握机会，主动跨界，为企业的发展提供新引擎。

“互联网 +”行动计划掀起了中国传统行业接受互联网改造的浪潮，能源行业率先利用互联网思维进行改革，这对其他领域的改革具有带动和示范作用，但这并不代表运用互联网思维就一定能成功，互联网思维只是一种有效的思维体系和商业逻辑。怎样进行战略布局？怎样配置资源？怎样解决人才瓶颈？怎样权衡短期利益和长期利益？这些真实的难题都需要企业根据自己的行业属性具体分析。

总结而言，互联网思维的重点不是“两微一抖”[1]，不是网络营销，不是大数据，而是将这套思维方式应用到供、研、产、销的各个环节，尽快打造互联网时代属于自己团队的“价值闭环”。

知识点总结

1. 互联网思维是互联网时代的一种处理问题的思维方式，它的本质是对传统企业价值链和商业生态的重新审视。

[1]“两微一抖”指的是使用微信、微博和抖音进行营销的品牌营销策略。

2. 互联网思维包括七大招式：用户思维、极致思维、流量思维、社会化思维、大数据思维、平台思维、跨界思维。

3. 互联网思维不是包治百病的灵丹妙药，能否成功还要考虑许多具体的问题。但在如今这个时代，任何企业都要主动拥抱变化，大胆进行颠覆式创新，能够适应时代变化的企业才能真正赢得未来。

2.1.4 “互联网 + 三大产业”的机遇和挑战

在互联网技术的推动下，国民经济的效率问题正在不断地被细化和解决：使生产要素协调运转的信息流更加通畅；使流通环节有序进行的物流效率更加快速；使消费服务体验提升的资金流动更加多样。这种“全价值链、三流合一”的特性已经成为“互联网 + 产业”的核心特点。

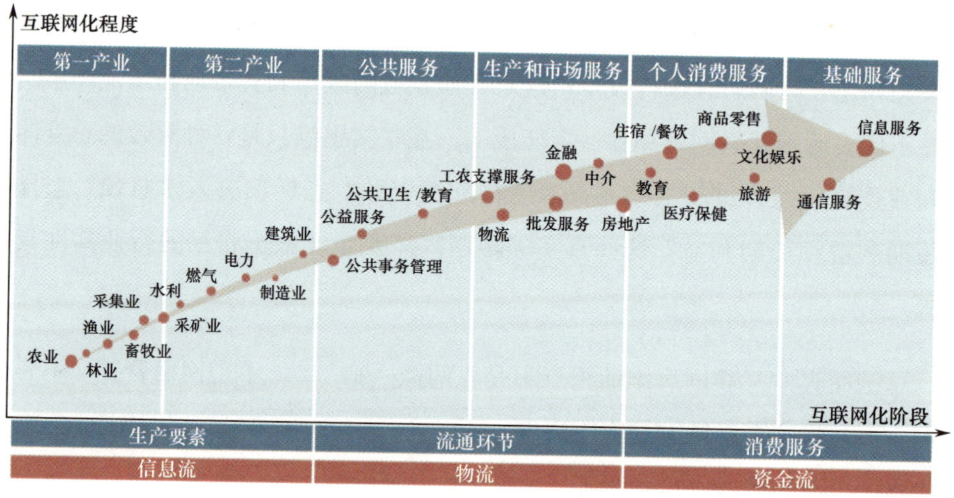

互联网化程度现状（资料来源：易观智库）

传统产业的互联网化直接促进了整个经济的迅猛发展和相关细分市场的出现，同时也推动了国民经济中各产业的转型升级。创业者需要敏锐和清醒地看到，新环境下蕴含的商业机会可能是助力自身跨越式发展的大好机遇，也可能是别人用来颠覆自己的绝佳机会。无论在哪个领域，创业者若想要有效整合内外部资源，抓住机遇并规避风险，则必须回答以下三个问题。

- 是否存在严重的信息不对称？
- 是否有未被满足的用户需求？
- 是否过度依靠实体力量？

这三个问题其实也对应着商业本质的以下三个层面。

- 信息传递层面——价值转移。
- 用户需求层面——价值创造。
- 成本效率层面——利润优先。

这三个层面在任何类型的产业经济中都会存在，但由于产业特性不同，它们的具体表现形式也各有不同。接下来，来看看不同产业在面对这三个问题时会产生怎样的答案。

1. 第一产业："互联网 + 农业"的机遇和挑战

近年来，随着我国农村制度改革的不断推进和农业经济的快速发展，"三农"问题作为政府工作的重中之重，已经得到了初步解决。"互联网 +"作为新常态下推动生产方式转变和生产效率提升的强力引擎，在弥合城乡差距、促进农村现代化建设上做出了巨大贡献。但如今的农业领域，技术水平相对落后、农村信息孤岛、城乡数字鸿沟等现象依旧存在。

审视传统的农业形式，不难发现其存在以下特点。

- 市场规模大，但供需匹配效率低，农民把握市场的能力有待提高。
- 生产效率低，科技含量少，信息不对称较严重。
- 供给侧与需求侧均有大规模分散的用户。
- 交易环节较长且成本高，但交易的持续性较好。

显然，具有上述特点的农业领域具有巨大的互联网改造空间，它会催生出很多新的业务形态、组织模式和经营手段，但由于产业的特性和从业者的认知状态，在很长一段时间里，第一产业的信息化发展都是较为滞后的。

在传统互联网时代，农民对于互联网常持有谨慎和怀疑的态度，他们通过门户网站（如新浪）认识世界、了解市场。在移动互联网时代，农业类 App 开始大量出现，这些应用在解决农民信息获取问题的同时，也提供了更具针对性的服务。目前，“互联网 + 农业”的三个环节如下。

在生产领域，新型互联网技术与农业深度融合，促成自动化、精准化的智能型农业发展模式。以物联网和互联网为代表的新技术的引入，不仅可以使农民实时了解农场的土壤结构、农作物的生长进度、灌溉施肥和病虫害等情况，而且可以通过实时分析为农民提出指导意见，进而有效地提高农业生产的效率。

在销售领域，利用农产品电商这一形式，借助互联网强大的营销能力，创建低廉而高效的营销入口，极大地盘活和繁荣了农村市场。依托电商平台，农民直接与终端消费者对接，农民可以直接了解消费者的需求，并以需求为导向组织生产和销售，在提高效率的同时，切实提高了收入水平。

在服务领域，借助互联网的整合能力，打造以众筹为主要模式的金融服务平台和技术服务平台，从根本上解决农民个体的技术难题和资金难题。这样的模式不仅盘活了农业资本市场，还使全产业链得到了升级。

案例：网易味央黑猪

在 2018 年全国两会上，网易公司的丁磊先生被询问最多的问题不是他的互联网企业网易，而是他利用互联网思维养的“味央黑猪”。从 2009 年横空出世，到如今突破亿元的融资，网易味央在对传统养殖模式的不断反思中，首创了全球第四代养殖技术，实践出了一套生产高效、产出安全、环保节能、可复制的养殖模式。

在浙江安吉的养猪场内，智能摄像头全程监控，工作人员利用传感器就可以远程监测黑猪的身体状况、进食量和排泄物的具体情况，养猪场也通过对温度、湿度的精准把控，确保黑猪在最舒适的环境中生长。最有趣的是，养猪场每天按照不同的时段播放“起床旋律”“吃饭进行曲”“哺育之歌”“睡觉摇篮曲”等音乐，让黑猪每天都能心情愉悦。

不仅如此，在销售层面，网易味央建立了“自育自繁自养自销一体化”的经营模式。一方面，网易考拉海购、网易严选等电商支撑起了自养自销的模式；另一方面，通过对整个产业链的掌控，网易味央为解决国内的食品安全探索出了一条可行之路。网易对传统农业的改造有清晰的思路，即剔除供应链中的冗余环节，让自身在更短、更简洁的供应链中扮演强力的角色。

此外，在品牌营销上也能看到网易味央的互联网功底，其采用了拍卖、众筹、直播等营销手段。在 2017 年的世界互联网大会上，丁磊先生就邀请了 17 位互联网领域的专家品尝味央黑猪肉，专家纷纷赞不绝口，马化腾赞其“肥而不腻”，张朝阳夸它“秀色可餐”，雷军称其“入口即化”，……

在网易味央黑猪创造中国互联网和农业史上的多个第一的同时，许多互联网公司也开始涉足养殖业，阿里巴巴为传统的养猪场装上智慧的“ET 大

网易味央黑猪佩戴智能电子耳标

脑”，用 AI 技术帮助传统的猪优生优育；京东成立京东农牧子品牌，将整套名为“神农大脑”和“神农系统”的智能养猪方案推广到养猪行业；腾讯也宣布在贵州贵安新区完成 AI 生态鹅厂的建设，并于 2019 年投产运行。

我们有理由相信，运用互联网改造农业，的确大有作为。

2. 第二产业：“互联网 + 工业”的机遇和挑战

首先回顾一下全世界工业的发展历史。

第一次工业革命发生于 18 世纪中期，通过水力和蒸汽机实现了工厂机械化，引发的产业革命让机械生产代替了手工劳动，人类进入蒸汽时代。

第二次工业革命发生于 19 世纪中期，以电作为主要代表的技术极大地推动了社会生产力的发展，基于劳动分工、电力驱动的大规模生产形式出现，人类进入电气时代。

第三次工业革命发生于 20 世纪中期，原子能、电子计算机、空间技术和生物工程等领域的发展引发了一场信息控制下的技术革命，人类进入科技时代。

而第四次工业革命发生于此时此刻，是以互联网产业化、工业智能化、工业一体化为代表的，以人工智能、清洁能源、无人控制技术、量子信息技术、虚拟现实技术、生物技术为主的，基于信息物理系统的全新技术革命。

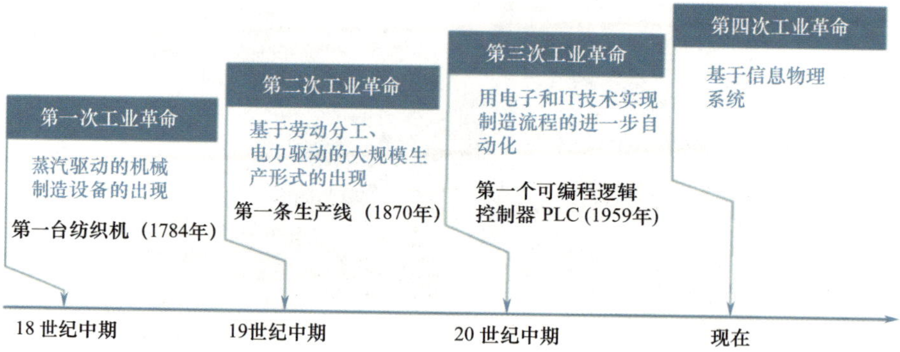

工业发展历史

“工业 4.0”的提出常常被视为第四次工业革命的开始。它是一项德国政府提出的高科技计划，该计划通过将信息通信技术和信息物理系统[1]相结合，促进制造业向智能化转型。与此同时，世界各大发达国家也纷纷提出引发实体经济革命的国家战略和计划。可见，全世界的国家都希望通过技术进步和产业政策调整获得在工业领域的竞争优势。中国作为发展中国家，就更应抓住“互联网 +”的时代机遇，完成对工业的结构化调整和升级。

2015 年 5 月，国务院印发《中国制造 2025》，这是我国实施制造强国战略的第一个 10 年行动指南。文件指出，我国工业要坚持“创新驱动、质量为先、绿色发展、结构优化、人才为本”的基本方针，坚持“市场主导、政府引导，立足当前、着眼长远，整体推进、重点突破，自主发展、开放合作”的基本原则。这些方针和原则都指引了我国工业未来发展的方向。

立足国情、立足现实，为了实现制造强国的战略目标，《中国制造 2025》中还提出了“三步走”计划。

第一步，力争用十年时间，迈入制造强国行列。

到 2020 年，基本实现工业化，制造业大国地位进一步巩固，制造业信息化水平大幅提升。掌握一批重点领域关键核心技术，优势领域竞争力进一步增强，产品质量有较大提高。制造业数字化、网络化、智能化取得明显进展。重点行业单位工业增加值能耗、物耗及污染物排放明显下降。

到 2025 年，制造业整体素质大幅提升，创新能力显著增强，全员劳动生产率明显提高，两化（工业化和信息化）融合迈上新台阶。重点行业单位工业增加

[1] 信息物理系统（Cyber Physical Systems，CPS）作为计算进程和物理进程的统一体，是集成计算、通信与控制于一体的下一代智能系统。信息物理系统是智能制造的本质，包含了将来无处不在的环境感知、嵌入式计算和网络控制等系统工程，使物理系统具有计算、通信、精确控制、远程协作和自治功能。它注重计算资源与物理资源的紧密结合与协调，主要用在一些智能系统中，如设备互联、物联传感、智能家居、机器人、智能导航等。

值能耗、物耗及污染物排放达到世界先进水平。形成一批具有较强国际竞争力的跨国公司和产业集群，在全球产业分工和价值链中的地位明显提升。

第二步，到 2035 年，我国制造业整体达到世界制造强国阵营中等水平。创新能力大幅提升，重点领域发展取得重大突破，整体竞争力明显增强，优势行业形成全球创新引领能力，全面实现工业化。

第三步，到新中国成立一百年时，制造业大国地位更加巩固，综合实力进入世界制造强国前列。制造业主要领域具有创新引领能力和明显竞争优势，建成全球领先的技术体系和产业体系。

从具体实现上看，五大工程包括制造业创新中心（工业技术研究基地）建设工程、智能制造工程、工业强基工程、绿色制造工程、高端装备创新工程，《中国制造 2025》也强调了我们要重点发展的十大领域，具体如下。

- 新一代信息技术产业。
- 高档数控机床和机器人。
- 航空航天装备。
- 海洋工程装备及高技术船舶。
- 先进轨道交通装备。
- 节能与新能源汽车。
- 电力装备。
- 农机装备。
- 新材料。
- 生物医药及高性能医疗器械。

创业成功 = 技术 + 机遇 + 毅力 + 创意 + 热爱 +……在“互联网 +”和“中国制造 2025”融合发展的大背景下，大学生创业者要关注工业发展的重点领域，了解时代政策导向，掌握时代发展节奏，不断培养自身的大局意识和敏锐洞察力，在时代浪潮中站稳脚跟。

3. 第三产业："互联网＋服务业"的机遇和挑战

近年来，随着"互联网＋"行动计划深入实施，互联网对各行各业尤其是对服务业的全面渗透开始加速，并逐渐成为服务业发展的新引擎。近五年，第三产业在GDP中的占比逐年增加，服务业也成为投资最热的领域。信息、咨询服务业、计算机应用服务业、综合技术服务业、分销服务和零售业实际使用外资同比分别增长50%以上，高科技服务业是吸引外资的重点领域。下表展示了近五年三次产业构成的变化情况。

近五年三次产业构成的变化（数据源于国家统计局网站）

指　标	2018年	2017年	2016年	2015年	2014年
三次产业构成－国内生产总值（%）	100.0	100.0	100.0	100.0	100.0
三次产业构成－第一产业增加值（%）	7.2	7.6	8.1	8.4	8.7
三次产业构成－第二产业增加值（%）	40.7	40.5	40.1	41.1	43.3
三次产业构成－第三产业增加值（%）	52.2	51.9	51.8	50.5	48.0

从发展前景看，"互联网＋服务业"未来发展潜力和空间巨大。它不仅可以打造经济发展的双引擎，重塑中国的经济结构，为经济带来更多增量，成就中国核心竞争力，而且可为政府解决就业问题提供更便捷的通道。从整体上看，互联网对传统产业的改造过程是从标准化商品过渡到非标准化服务。对大学生来说，应该发挥专业优势，对其投入更多关注。

第三产业作为以服务类业务为主的综合性产业，以充足的开放性和多样性在"互联网＋"的时代呈现出丰富的发展形态。

现在，人们已经习惯，早上打开朋友圈查看朋友分享的动态，出门前用软件叫车，饿的时候用软件叫外卖，足不出户。在"互联网＋服务业"的时代，由于信息鸿沟的逐渐消除，用户可以主动寻求自己想要的服务，而服务商也可以通过更加直接、互动的方式，主动挖掘用户的需求痛点，及时改进，使服务的质量和便捷性得到提升。

"互联网＋服务业"颠覆了很多原有的产业结构，但它不是为了颠覆而颠覆，它的本质是跨界和融合。创业者要更多地思考，在互联网时代，产业如何与互联网结合，创造新的商业价值。下面一起来看看“互联网 + 重点行业”的商业机会产生于哪里。

（1）“互联网 + 教育”：在线教育大爆发

近年来，在线教育、在线外语培训、在线职业教育等细分领域成为中国在线教育市场规模增长的主要动力，很多传统教育机构也正在从线下教育向线上教育转型，如新东方网校。而一些在移动互联网平台上掌握了高黏性人群的互联网公司也在扩展在线教育产品，如腾讯课堂。深度挖掘用户需求，通过大数据技术实现个性化推荐；基于移动终端的特性，满足用户用碎片化时间进行学习的需求；这些都让在线教育切中了传统教育的痛点。

（2）“互联网 + 医疗”：移动医疗垂直化发展

“互联网 + 医疗”的融合，最简单的做法是解决信息不透明和资源分配不均等问题，例如，通过微信预约挂号和缴费，可以解决看病时挂号时间长、等待时间长、结算排队时间长的问题；“春雨医生”等轻问诊型应用，解决了部分用户的就诊难问题。随着互联网个人健康实时管理的兴起，传统的医疗模式也将迎来新的变革，以医院为中心的就诊模式或将演变为以医患实时问诊、互动为代表的新医疗社群模式。

（3）“互联网 + 交通旅游”：一切资源共享起来

滴滴等叫车软件不仅为用户出行带来了便捷，也减少了出租车的空车率，实现了汽车资源的共享；实时公交应用的出现，方便出行用户对公交汽车到站情况进行实时查询，减少延误；而在旅游服务行业，旅游服务在线化、去中介化越来越明显，自助游成为主流，基于旅游的互联网体验社会化分享还有很大空间，类似 Airbnb 和蚂蚁短租等共享模式让住房资源共享起来。

当然，“互联网 +”所影响的远不止这些行业，这里仅选择了几个有代表性的行业进行说明。

在“互联网 +”向纵深发展的过程中，互联网自身也经历着变革：纯互联网创业的黄金时代已经过去，“互联网 +”这个更大的机会点已经到来。在这样的大环境下，创业者要抓住时代机会，采用颠覆式创新的方法，从垂直领域切入，用小杠杆撬动大资源，在存量市场中寻找新的增长点。

知识点总结

1. 创业者可以从信息传递、用户需求和成本效率三个层面分析产业领域，新环境下蕴含的商业机会可能是助力创业者自身跨越式发展的大好机遇。

2. 第一产业的互联网化程度最低，但发展前景巨大，在生产、销售和服务三个环节都可以对现有产业进行改造。

3. 第二产业的互联网化受到国家的高度重视，“互联网 +”和“中国制造 2025”的并行推进为创业者提供了政策有利条件，创业者可借此机会寻找适合自己的重点领域，在提高相应知识水平的同时，不断培养自己的大局意识和行业洞察力。

4. 第三产业的互联网化是发展最快的，它的出现已经深度改变了我们的生活。但经过近十年的发展，行业巨头已经出现。创业者若想在“互联网 + 服务业”上有所建树，就要掌握颠覆式的创新方法，从垂直领域切入，潜心耕耘，静候时机，向更大市场进发。

2.2 “AI+”的机遇与挑战

2.2.1 从“互联网 +”到“AI+”

2016 年 3 月，Google 的 AlphaGo 和李世石的人机大战让全球都开始关注人工智能（AI）。2017 年 10 月，AlphaGo Zero 在没有导入任何棋谱的前提下，通过强化学习的方法，左右互搏来增长棋艺，仅用了三天的时间就战胜了它的前辈 AlphaGo。

但人工智能不只是会下围棋那么简单，随着智能技术的突破，以及大数据、并行计算等相关信息技术的成熟，人工智能技术开始从实验室走进人类的生产生活，让人们可以看得见、摸得着，如智能手机中的语音助手和炙手可热的自动驾驶。人工智能正在进入一个以应用场景为驱动的创新发展新阶段，这也为大学生创业提供了很多的机会。

1. 人工智能发展的三大动力：计算能力、算法、数据

人工智能其实并非是一个新词，早在 1956 年的达特茅斯会议上，就已经将人工智能带入学术研究中，但在 60 多年的发展过程中，整个行业经历了两次重大的低潮期，最终在 2010 年，深度学习算法取得突破之后开始明显好转，并从 2017 年开始进入爆发期。

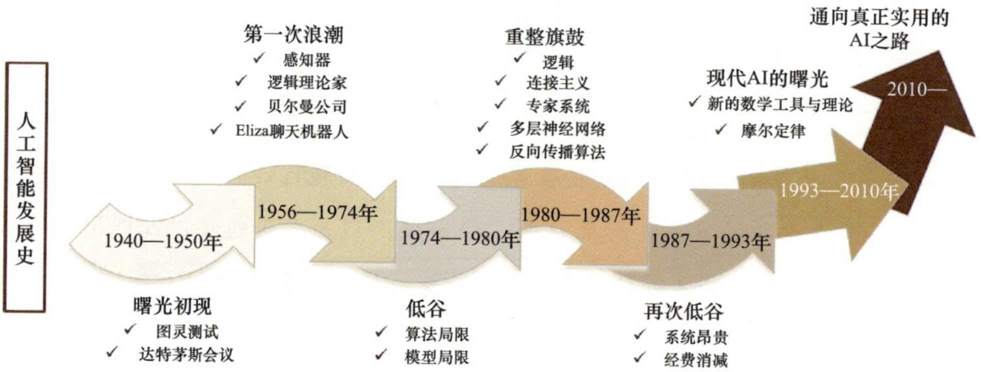

人工智能发展史

综观人工智能在之前的 60 多年的发展过程，两次遇到挫折，主要原因是计算能力、算法及数据都难以为人工智能的发展提供支撑。以上世纪人工智能的第一次低谷为例，无论是在计算能力、算法还是数据方面，都离全面智能化有着巨大的差距，导致最终商业和军用项目都很难达到预期。同样，在 20 世纪 80 年代末到 90 年代初的一段低谷期内，专家系统需要海量数据进行训练，虽然计算能力有所改善，大规模集成电路已经出现，但是算法和数据难以提供强有力的支持，专家系统的学习成本过高，最终不得不作罢。

近年来，IT 行业发生了翻天覆地的改变。GPU、TPU 等人工智能专用芯片的出现极大地缓解了长期困扰行业发展的计算能力不足的问题；超算、云计算等基础设施的建设也使得计算能力得到显著提高。

不仅如此，近年来深度学习算法的突破，对分类、回归、聚类等问题的性能优化效果明显。以最著名的 ImageNet 大规模图像识别竞赛最好的成绩为例，2017 年冠军的模型识别误差率为 2.2%，而人类的平均识别误差率为 5.1%，在该领域，人工智能解决方案已经超越人类。

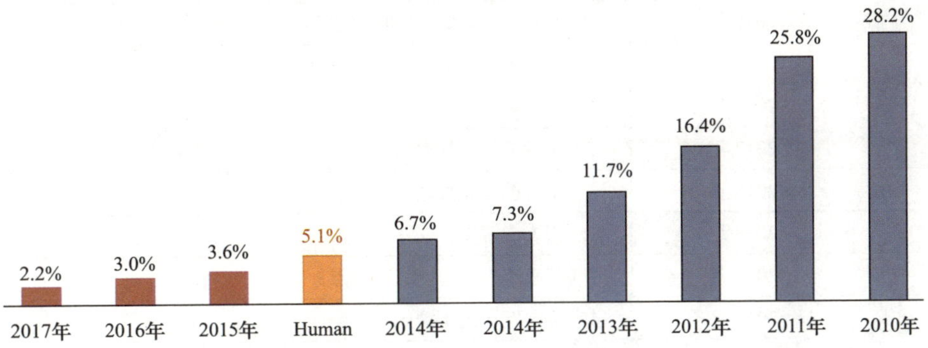

历年 ImageNet 大规模图像识别竞赛最好成绩（误差率）

人工智能的商业化，仅仅依靠技术是很难继续走下去的，数据的规模和采集能力决定了人工智能在这个行业的发展速度。据 IDC（互联网数据中心）分析，2020 年全球数据总量预计达到 44ZB，我国数据总量将达到 8060EB，约占全球数据总量的 18%。全球数据量的爆发式增长，为人工智能的发展奠定了坚实的基础。

2. 人工智能引领全球革命

人工智能对经济社会的巨大影响逐渐被全球各国认识到，越来越多的国家开始着手研究和制定国家层面的发展规划和战略。美国发布《国家人工智能研究与发展战略规划》（*The National Artificial Intelligence Research and Development Strategic Plan*），旨在从上至下推动人工智能战略。2016 年 8 月，我国国务院也发布了《“十三五”国家科技创新规划》。2018 年以来，党中央、国务院对人工智能的重视程度进一步提升。下表给出了主要国家或组织的人工智能领域的相关文件。

主要国家或组织的相关文件

国家或组织	时　间	相关文件
美国	2016 年	《为人工智能的未来做准备》
		《国家人工智能研究与发展战略规划》
		《人工智能、自动化及经济报告》
中国	2015 年	《中国制造 2025》
	2016 年	《“十三五”国家科技创新规划》
	2017 年	《新一代人工智能发展规划》
日本	2015 年	《机器人新战略》
	2017 年	《人工智能技术战略》
印度	2018 年	《人工智能国家战略》
欧盟	2018 年	《欧盟人工智能》
德国	2018 年	《联邦政府人工智能战略要点》
英国	2017 年	《在英国发展人工智能》
	2018 年	《人工智能行业新政》

2018 年 10 月 31 日，中共中央政治局就人工智能的发展现状和趋势举行了第九次集体学习。习近平总书记在主持学习时强调，人工智能是新一轮科技革命和产业变革的重要驱动力量，加快发展新一代人工智能是事关我国能否抓住新一轮科技革命和产业变革机遇的战略问题。要深刻认识加快发展新一代人工智能的重大意义，加强领导，做好规划，明确任务，夯实基础，促进其同经济社会发展深度融合，推动我国新一代人工智能健康发展。

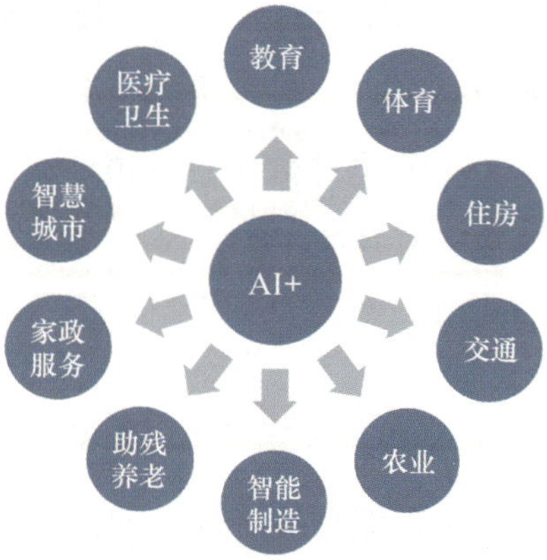

与人工智能深度融合的产业

3. “AI+”产业发展迅速

在技术快速进步和政策密集出台的大趋势下，国内经济社会转型也急需人工智能的赋能。“互联网 +”从本质上说解决了“连接”的问题，并衍生出各类新型的服务。而“AI+”的提出就是在满足产业信息化和自动化的基础上实现智能化，帮助“互联网 +”构建属于自己的“大脑”。

综观国内行业发展，我们可以看到，短期内，人工智能可以解决制造、物流等行业面临的发展瓶颈；长期来看，其可以催生新兴行业，进而实现经济的创新性发展。在行业的具体落地进展上，仍能看见许多大学生可以涉足的细分领域。

下表展示了 AI 芯片、计算机视觉、自然语言处理三大人工智能技术在移动互联网、安防、医疗、教育等九大行业中的应用。

人工智能与具体行业应用

细分行业	AI 芯片	计算机视觉	自然语言处理
移动互联网	手机 AI 芯片	美颜	用户画像
安防	边缘计算	天网监控	—
家政	—	扫地机器人	智能音箱
零售	—	无人货架	智能客服
金融	—	财产安全	智能投顾
教育	—	即时翻译	机器阅卷
物流	无人车 / 机	仓库自动管理	—
医疗	—	影像诊断	电子简历
交通	无人驾驶	—	车载语音

从技术角度来看，分析如下。

AI 芯片：研究机构预计 AI 芯片市场规模在未来 5 年将有接近 10 倍的增长。随着终端细分场景落地，我们推断 AI 芯片的发展将出现专业化趋势，这为创业公司提供巨大的发展空间。

计算机视觉：计算机视觉是人工智能在中国落地最顺利的技术，从目前的落地进展来看，医疗、无人驾驶等领域的商业化有待成熟。目前，有许多创业团队在机器人、零售等新领域快速崛起。

自然语言处理：过去两年，以智能管家为代表的语音交互技术的成熟，推动了智能家居等行业加速发展。自然语言处理有广泛的应用场景，但技术目前还不成熟，AI 语音助手只能进行简单的问答，很难实现基于场景的会话。目前市场上还有很大的空间留给创业团队依靠领先的技术来占领。

从行业角度来看，分析如下。

移动互联网：移动互联网及智能手机等相关企业拥有大量用户数据。2018 年，“今日头条”通过精准的用户画像使用户的停留时长翻了一番；人脸识别技术及 AI 芯片的美颜功能成了智能手机标配。移动互联网领域的红利基本已经消失，领域内企业的技术也相对成熟，创业公司进入难度较大。

安防：人工智能助力安防行业拓宽边界。随着计算机视觉技术的进步，人工智能在安防行业的落地场景从最初的身份证人脸识别和智能门禁系统等静态人脸识别，向监控动态人脸识别与体态识别方向发展。行业内既有华为、海康威视等巨头，又有商汤、旷视等视觉算法的创业公司。

家政：从 2017 年开始，以 Google、小米为代表的公司推出智能音箱、扫地机器人等智能家居产品，解决了人与家电之间交互烦琐的问题，行业重新进入高速发展轨道。展望未来，能够理解用户的喜好并实现家电之间互相协作的全屋智能是行业发展的趋势。目前，智能家居行业处于较为成熟的状态，但仍有在垂直方向加强的可能。

零售：“AI+ 零售”的意义不仅体现在市场关注度高的无人零售方面，创业团队需要通过技术与应用背景的结合，实现零售行业的降本提效，最终提升消费者的购物体验，推动零售行业的变革。

金融：人工智能与金融也碰撞出了奇妙的火花，机器人顾问正在帮助服务相对匮乏的低端市场进行财富管理，人工智能监控工具也正被用来打击诈骗和金融犯罪，保障用户财产安全。目前，大量的非结构化的数据都开始应用人工智能技术，人工智能技术也在不断扩展金融服务的边界，大量创业团队正在利用技术解决着传统行业内的隐形痛点。

教育："AI+ 教育"的主要应用方向包括通过语言识别和图像识别采集教学过程中的多维度数据，通过数据分析反馈教学流程等。随着智能教辅系统成本的降低，更多的学生可以受益于个性化的教学和有针对性的反馈。整个行业从 2015 年的零星闪现到如今全面崛起，是近年来爆发的新热点。

物流：人工智能是物流行业降本增效的有效途径。随着人工智能等科技手段在物流行业的应用和渗透，物流企业的业务流程和运作方式将会显著优化。以快仓为代表的公司解决了仓储自动管理问题，智行者创业团队在进行无人送货车的尝试。整体来看，行业发展初步成型。

医疗：医疗是人工智能落地的重要场景之一。随着影像诊断的不断发展，人工智能在诊断多种癌症、肺结核、糖尿病、肺炎和血液感染等疾病时，可以比大多数人类医生更加准确。在电子病历方面，人工智能有助于预测心脏病或其他疾病。在人工智能技术如何帮助医生提高效率、提高未来的医疗质量等方面，研究才刚刚起步，这也代表着整个行业仍有大量的机会留给创业公司。

交通：先进的驾驶员辅助系统（如车道偏离预警、自动刹车和停车辅助）已经应用到了量产车型中。特斯拉、宝马、奔驰和英菲尼迪等品牌能提供具有自动驾驶功能的汽车，一些国家开始在公共道路上测试完全自动驾驶的汽车。随着这些技术的推进，自动驾驶汽车可能会在不远的将来实现商业化，行业发展带动配套产业发展，也将带来大量的创业机会。

总体来说，人工智能技术作为一个必要的工具广泛应用在各个应用场景中，用来提供个性化服务、替代简单重复的劳动、提升用户体验、提升效率和准确率，人工智能甚至能用于自主创作。

颠覆性的技术颠覆了传统的产品设计流程，对于大学生来说，重要的是需要寻找适合自己的领域，运用人工智能工具解决用户痛点，从而成就更大的事业。

知识点总结

1. 计算能力、算法和数据是人工智能发展的三大动力，也共同组成了人工智能高速发展的三要素。近年来，三者的巨大进步，为人工智能应用的爆发奠定了基础。

2. 人工智能已经被定义为深化经济结构调整的重要抓手，政策、技术、需求三轮驱动促进人工智能行业高速发展。

3. 我国人工智能产业不断发展和完善，形成了初具规模的产业链条。但在将人工智能技术与传统领域深度融合的过程中，也产生许多亟待填补的空白。创业者应把握时代趋势，抓住时间窗口，结合自身优势去开创更大的视野。

2.2.2 把握时代发展新趋势

当前，我国经济发展正处于极不平凡的时期。从外部看，世界经济处在国际金融危机后的深度调整期；从内部看，我国正处在经济结构转型升级与新一轮科技革命和产业变革突破爆发的历史交汇期。

以人工智能、云计算技术为代表的新技术在多领域突破，新模式、新生态持续涌现，这些新技术、新模式、新生态在重塑我国产业结构形式和实体经济形态的同时，为大学生提供了宝贵的历史性机遇。但这也要求大学生创业者在不确定性加剧的时代大背景下，能够洞察趋势、理解趋势、顺势而为。

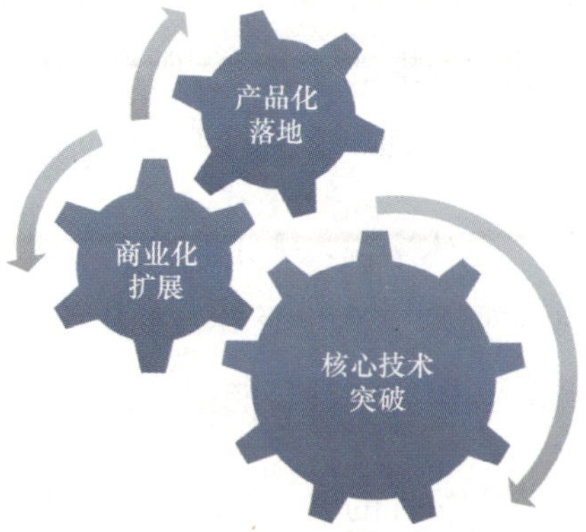

科技型创新的三大要素

1. 小公司崛起的时代

核心技术突破、产品化落地和商业化扩展常常被视为科技型创新的三大要素，在大众印象中，这些方面都是大公司的代名词。

大公司具备足够的财力，可以为科研提供庞大的资源和支持；大公司也有将科技转化为产品并实现商业化的强大平台，它们在过去商业探索中积攒了很多关于市场和用户的经验，也正因如此，它们在产业链中有着决定性的地位。

但如今，科技型创新的主力已经从大公司转向到了中小公司，其主要原因有以下三点。

第一，破坏性的技术创新让大公司陷入“创新的窘境”。大公司受制于其稳定的组织结构和快速增长的需求，常常着眼于对原有的技术进行创新，而抓不住新市场爆发的机会。曾经风起云涌，但如今艰难生存的柯达、诺基亚都暴露出上述的问题。反观小公司，它们可以更迅速地对变革做出反应，随着市场的扩展迅速发展。

第二，教育的高质量发展让创业团队也能拥有突破性的核心技术。国内高校经过数十年的高速发展，积累了大量的科研成果，教育的普及也让更多人理解和使用技术创新成果。技术门槛的降低，让那些具有创业潜质的人脱颖而出。

第三，互联网的发展大大降低了信息的不对称性，为小公司提供了新的生存方式。互联网的发展让不同团队之间比以往更能建立起信用关系，这进一步推动了行业内的协同发展和沟通。小公司可以利用自身独特的优势进行“U 盘化”生存，在深耕垂直领域的同时，寻找机会发展壮大。

从某种程度上来说，中国过去 30 年所取得的巨大繁荣正是与世界最先进生产力结合的成果。如今，最先进生产力已经从跨国企业转向了专业的高科技中国小公司。在这样的情况下，如何选择深耕的领域，如何把握时代的趋势，就成了我们需要着重讨论的内容。

2. 洞察趋势——透过错综复杂的表象发现规律

很多大学生都下意识地夸大科技创新的作用，仿佛只要掌握了科技趋势，拥有了技术优势，瞄准风口，就必然能够取得成功。实则不然，除非科技能够应用于产品中，解决用户的真实痛点，否则就无法用于创业。

科技创新和很多其他事情一样，具有极高的不确定性，很多今天看起来火热的技术，明天就可能无人问津。也正因如此，我们鼓励创业者，除了研究科技本身，还要着眼于政策条件，并把握科技发展的方向，从不确定的趋势中发现确定性的科技创新与创业机会。

“高德纳技术成熟度曲线”（Gartner Hype Cycle）是在技术界获得很多认同、用于衡量一项技术成熟度的标准模型。Gartner 作为全球权威的 IT 研究与顾问咨询公司，每年会根据此模型来分析和推论各种技术的成熟度。

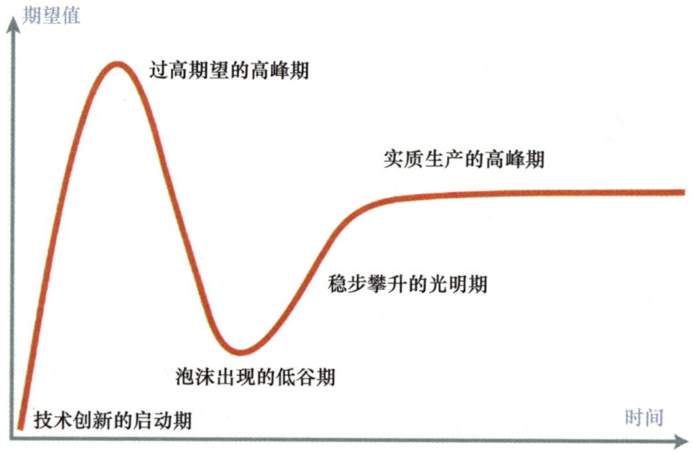

高德纳技术成熟度曲线

该模型将每一项技术的生命周期都分为五个关键阶段，并为每个阶段给出如下定义。

- 第一个阶段——技术创新的启动期：技术概念被提出并得到部分突破，媒体对行业和产品进行报道，有早期的用户尝试，但商业化的可行性未被验证。

- 第二个阶段——过高期望的高峰期：技术体系逐步成型，相关产品大量发布，媒体大肆报道，个别成功案例引发了过高的行业期望。

- 第三个阶段——泡沫出现的低谷期：技术局限在实践中暴露，部分产品运营艰难，媒体兴趣下降，部分用户需求未得到很好的满足，行业发展陷入低谷。

- 第四个阶段——稳步攀升的光明期：技术趋于成熟，大部分技术难点得到突破，生态化、体系化的产品出现，媒体重新产生兴趣，大规模和重量级的成功案例出现，行业应用前景明确。

- 第五个阶段——实质生产的高峰期：技术体系完备，产品相关的生态和产业链蓬勃发展，成为主流技术并被广泛应用，行业应用稳定。

借助高德纳技术成熟度曲线，创业者可以把握技术发展的内在规律，从而有计划、有针对性地了解新兴技术，避免在信息爆炸的时代陷入过分焦虑；创业者也可以更好地了解新兴技术在行业的前景，从而在创业时不再一味地追求风口，而追求更具战略性的发展规划；创业者还可以区分出一项技术现状的真正驱动因素和炒作因素，进而帮助自己在最合适的时机进入行业。

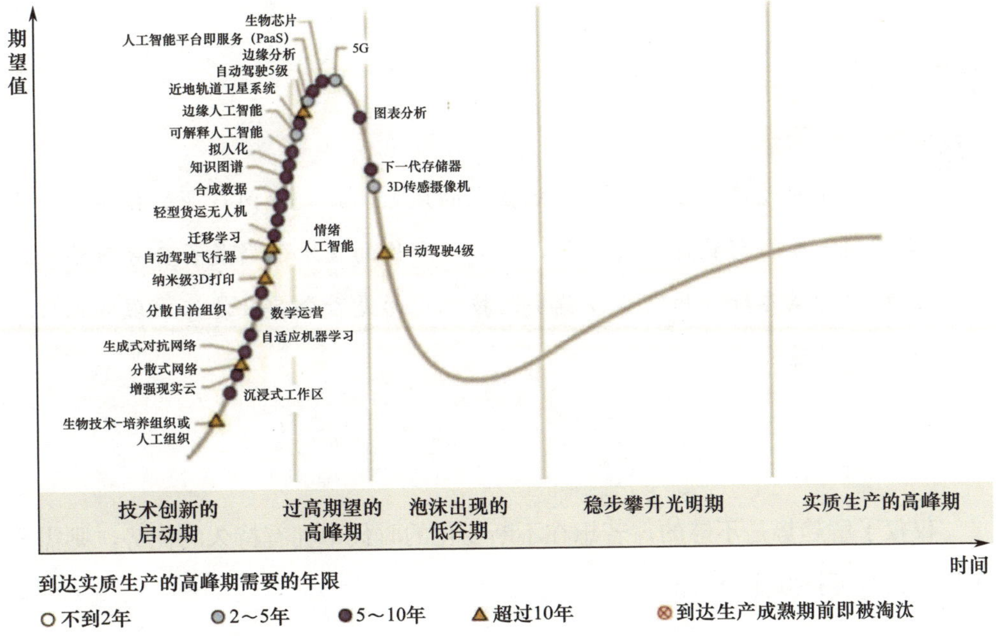

截至 2019 年 8 月的高德纳技术成熟度曲线

接下来提出三个问题，只有经过对这些问题的认真思考，读者才能真正理解高德纳技术成熟度曲线的意义。

问题一

你所感兴趣的技术在图中的成熟度和你的认知相同吗？若不同，则试着分析原因（例如，Gartner 公司更关注技术的整体性发展，而我关注的中国市场内的细微变化）。

问题二

请通过互联网查看近几年的高德纳技术成熟度曲线，动态地思考：哪些技术从图中消失了？哪些技术消失后又出现了？背后的原因又是什么？

问题三

媒体的过度曝光是否会缩短技术的成熟周期？不同行业的技术特点不同，模型形状是否会不同？例如，更快的技术创新是否会导致泡沫出现的低谷期缩短？难以解决的技术难题是否会导致泡沫出现的低谷期无限延长？

3. 把握趋势——成长为具有可持续竞争力的人

仅仅了解趋势是不够的，若想在不断变化的时代中拥有持久的优势，则需要成长为具有可持续竞争力的人。

可持续竞争力是一种面向未来社会变化和竞争的适应能力，是一种基于使命和技术的创新能力，也是一种致力于推动社会发展与科技进步的行动能力。总体来说，可持续竞争力的内涵包括以下三个维度。

第一，可持续竞争力体现在知识和能力上。人的适应能力（无论是社会适应能力还是人际适应能力）都源自内在的知识修养和能力体系。一个创新型人才要掌握“一专多通”的能力体系，“专”是指在深耕领域的能力，包括理论分析和抽象能力、问题理解和求解能力、实践和动手能力等；而“通”则体现在跨文化交流能力、团队协作能力、职业素养和领导力等方面。

第二，可持续竞争力体现在性格和品质上。优良的性格和品质主要体现在独立性、敢为性、克制性等几个方面。所谓独立性体现在自我决策和自主行动两个方面，这就要求创业者在配合协调团队的同时，保持自己的见解和主张，并贯彻到底；同时鼓励创业者锻炼敢于行动、敢于拼搏、勇于承担行为后果的心理品质；同样重要的是，当个人利益与法律和社会公德相冲突时，创业者要能克制冲动和个人欲望。只有在具备知识和能力的基础上培养良好的性格和品质，才能长久地立于不败之地。

第三，可持续竞争力体现在理想和志向上。不了解世界的发展史和中国的革命史，就不能理解新技术革命和世界格局变化对于国家的意义，也就无法真正掌握技术趋势的商业化道路。具有可持续竞争力的人才应该保有对崇高理想和完美人格的不断追求、对全球发展和国家事务的持续关注，以及对社会和生态环境的密切关切。只有在更广阔的格局和视野上审视全局，才会在定战略和做决策时变得通透而坚定。

知识点总结

1. 科技型创新的三大要素是核心技术突破、产品化落地和商业化扩展，目前这类科技型创新的主力已经从大公司转向到了中小公司。

2. 创业机会很多，但要如何抉择？与其瞄准风头，不如把握科技发展的趋势。高德纳技术成熟度曲线能帮助创业者在制定发展战略时更加从容。

3. 要把握住时代发展的趋势，除了需要对行业发展和市场信号有较强的敏锐度，还需要创业者以知识和能力为核心，以性格和品质为重点，以理想和志向为指引，成长为一个具有可持续竞争力的人。

2.2.3 避免新技术陷阱

创新不仅是技术创新，时代趋势也不只有技术发展的趋势。通常来说，核心技术是创业团队确立竞争优势的必要条件，但是技术本身却不能构成一家企业的闭环生态链，甚至在创业初期，技术并不是成功的最重要的因素。

对于创业公司来说，业务产品需要以技术为附着点，但对技术的过分关注会使团队忽略对市场需求的调查和对商业模式的探索，这样的现象称为新技术陷阱。

曾经有过这样一个趁着 VR（虚拟现实）风口进行创业的学生团队，他们认为先进的技术必然带来大量的用户和丰富的利润回报，于是花了一年的时间投入大量的资金进行技术研发，为公司申请了数十项专利，打造了很高的技术壁垒。这个创业团队具有了硬件、软件和云服务的能力，但他们的产品却没有在市场上引起足够的关注。由于对用户需求和产品定位的误判，导致平台缺乏优质内容的支持，由于缺乏有效的盈利模式，又导致资金链紧缩，最终团队发展陷入困境。

在接触大量技术驱动型团队之后，可以发现，这样的团队有开发和产品实现的能力，但他们往往没有仔细思考真正的用户群在哪里，便开始了研发和生产。其实一家公司最重要的永远是它的产品和用户，用户有问题需要解决，产品用来解决这个问题，这个过程产生了市场，市场才是使团队存续的关键。

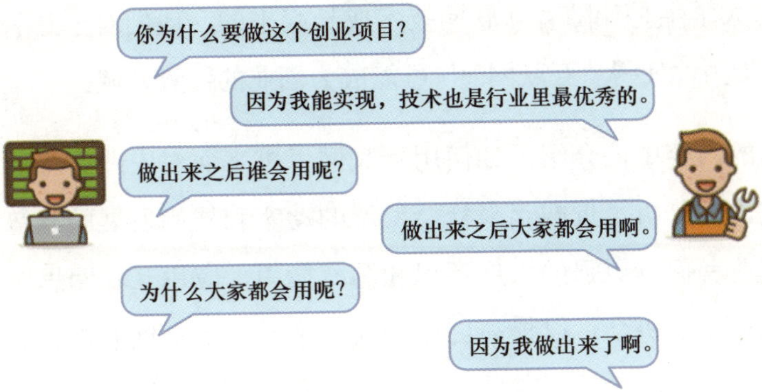

一段真实的对话

关于平衡产品与技术的关系，有以下三点建议。

第一，在初期阶段，用户的需求具有极大的不确定性。此时，团队应该深入了解业务，拥有用户思维，具备战略眼光，将技术当成工具，不断试错，快速验证用户需求。

第二，在用户需求不断明确的中期阶段，需要不断沉淀业务逻辑，积累技术能力。团队需要提前为将来的爆发做足准备，着力解决体量激增而产生的问题。

第三，在发展稳定的后期阶段，需要回归商业的本质，将盈利当成发展的重点，运用精细化的运营方法提高存量市场的价值，并依靠技术降低人工成本，驱动效率提高。

总体来说，创业团队要避免陷入新技术陷阱。把握新技术引发的趋势，最关键的不是掌握技术本身，而是学会利用新技术更好地满足用户的基本需求。只有平衡好产品与技术的关系，团队才能更好地发展。

2.3 创业机会识别

2.3.1 认识创业机会

大学生创业要着力于自身的特点和优势。大学生普遍缺乏社会阅历和实践经验，但学习能力强，接受新知识的速度快，敢于且善于创新，不受条条框框的束缚。95 后的大学生是伴随着互联网技术成长起来的，他们对于互联网技术有着天生的应用能力，使得“互联网 +”可能成为创业的优势领域。

在前面的内容中，介绍了如何用互联网思维来面对农业、工业、服务业的机遇与挑战，又分析了近两年来社会发展的动态和技术发展的趋势。这些内容都是希望创业者拥有更强的大局意识和洞察能力，应用互联网思维和新技术思路发现和创造创业机会，以提高创业的成功率。什么是创业机会？如何寻找创业机会？

1. 什么是创业机会

虽然创业机会的定义很多，包含的要素也各不相同，但众多定义都非常重视市场需求和产品这两个要素，所以我们把创业机会定义为“可以开发的市场需求和满足这个需求的产品（服务）”。

创业机会指的市场需求可能是众所周知、显而易见的，也可能是潜在的、不明确的；所说的产品（服务）也许是成熟的产品，也许是一个初步的想法。在机会发现的过程中，也许先看到市场需求，然后寻求相应产品；也许先有技术甚至初级产品，再去设计和开发新的市场。想创业的人也许拥有一定的资源和能力，也许就像一个学习创业的大学生，处于一无所有的状态。无论是哪种情况，需求和产品都是创业的两个核心要素。

创业机会是创业活动的根本驱动力。创业过程是从寻找创业机会开始的。没有创业机会，创业活动就没有了动力。值得注意的是，商业创意不等于创业机会，机会的本质是创业者识别机会并将其转化为成功的企业，它具有持久力、吸引力，具有时效性、依附性等特点。

机会窗口是一种隐喻，它描述了企业实际进入新市场的时间期限。在机会窗口开始之前，行业处在发展初期，用户需求和商业模式都未被验证，创业机会出现的概率不大；但随着行业的发展，在某一个技术 / 商业模式成功被验证之后，机会窗口打开，市场可能呈几何倍数增长。好的创业机会必须在机会窗口存在期间内抓住，如果等到机会窗口接近关闭时再来创业，那么留给创业者的余地就十分有限了。在市场成熟、机会窗口关闭后，创业公司除非深耕细分领域，否则很难成功。

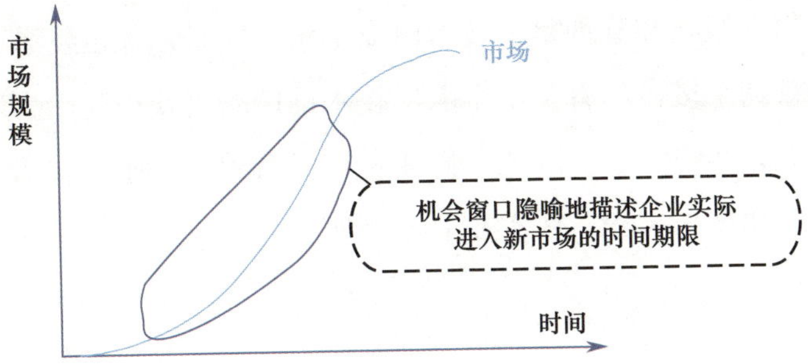

机会窗口

2. 如何寻找创业机会

成功的专家大多认为实际工作经验是获得创业机会的主要源泉。然而在校大学生和刚毕业的年轻人恰恰缺乏的就是实际工作经验。那么，在校大学生和刚刚毕业的年轻人该如何寻找创业机会？

可以考虑从专业背景、实践经历、兴趣特长、生活经历、环境优势、社会发展趋势等方面去寻找创业机会。

（1）从专业背景中寻找创业机会

上文中介绍过的哈工大大学生创业者万龙就是依靠专业背景进行创业的典型案例。他把在实验室的科研成果转化成了公司产品，并在 2015 年 12 月，做出了东北三省第一台二维搅拌摩擦焊机，得到了公司第一单设备业务。

作为大学生，尤其是工科的学生，扎实学好专业，在科研项目中历练，把专利、科研成果转化为创业产品，推动技术成果产业化，这其实就是实现创业机会的良好渠道。

（2）从实践经历中寻找创业机会

下面再介绍一个典型案例，哈工大的博士生万杰，他同时也是燃卓科技开发有限公司的总经理，这个公司致力于将移动互联网、云计算、大数据、物联网技术与工业数据相结合，开发一款与国外产品相媲美的新一代的工业大数据分析服务平台。万杰从读硕士开始就是多个项目的主要负责人，多年项目开发的实践经验，使他能够独立组建和管理整个技术研发队伍。同时，他也熟悉主要能源行业的应用市场和营销手段，具有几十个电厂技术推广的实践经验，为后期创业积累了能源领域的大量客户资源。因此，创业者在努力学习专业领域知识的同时，应多参加项目实践和社会实践，从实践中寻找创业机会。

（3）从兴趣特长中寻找创业机会

上文中介绍过的哈工大大学生创业者冷晓琨，他从小就是机器人“发烧友”，因为机器人特长保研本硕博。他将玩儿机器人变成了创造机器人，最终将兴趣变成未来的事业。事业因为热爱而美丽，因此，创业者也可以尝试发掘自己兴趣爱好中的创业机会。

（4）从生活经历中寻找创业机会

下面再介绍一个典型案例，野兽骑行的联合创始人高嘉阳是哈工大 2008 级本科生，也是一位持续的创业者。作为资深的骑行者，他和他最好的朋友曾完成我国台湾省和海南省的环岛骑行。在尝试过不同的软件和硬件设备后，他发现领域内仍然存在一些没有被满足的硬性需求，于是他产生了做一款骑行软件 App 的想法。通过他和朋友的不懈努力，野兽骑行在 2016 年底达到了 4 亿元的估值。生活中的骑行经历，使他萌生了开发骑行 App 的想法，发现现有生活体验中的不足，使他产生了要去改变的想法。创业者也可以想想自己的生活经历，想想有哪些痛点、痒点可以成为机会。

（5）从环境优势中寻找创业机会

再看一个学霸 + 世界冠军的组合。传世科技三名联合创始人分别是哈工大微电子专业在读博士郑佳斌、哈工大博士毕业生王冠石和中国冰壶队女队前队长、冰壶世锦赛冠军王冰玉。郑佳斌擅长开发软件，王冰玉擅长专业知识和商务资源拓展，王冠石擅长制定战略。即便如此，公司的起步和运营依然举步维艰。他们希望利用东北冰雪资源的优势，挖掘创业机会。在创业初期，他们以冰雪场馆的网上预订作为主要业务，但市场竞争激烈、门槛很高。于是他们又开发新的业务，他们与省内最大的旅行社合作，开拓多条精品冰雪旅游线路，同时推出桔子冰雪 App，为冰雪爱好者们量身定制滑雪、滑冰体验。后来，三人继续探索冰雪产业，经过深入调研，将公司业务拓展到冰壶赛事和周边产业上。目前，他们已经创办了国内首家冰壶教育连锁品牌“冰壶专家”。公司从未停止延伸产业链的脚步，传世冰壶主题乐园也已经在万达旅游城内正式营业。目前，传世科技已经成为黑龙江冰雪产业的示范性企业。

传世科技经过几次探索，结合创始人的特点，挖掘冰雪产业优势，最终获得成功。

3. SWOT 分析法

SWOT 分析法又称态势分析法，S、W、O、T 四个字母分别代表优势（Strength）、劣势（Weakness）、机会（Opportunity）和威胁（Threat）。SWOT 分析法可以帮助创业者发现自身的优势，扬长避短，提前规划创业梦想。下面介绍如何用 SWOT 分析法进行创业项目的分析。

SWOT 分析法实际上是一种对企业内外部条件进行综合概括，然后通过系统分析，帮助企业制定战略的方法。其中 S 和 W 主要用来分析内部的自身条件，O 和 T 主要用来分析外部的环境条件。SWOT 分析法要求正确识别出优势、劣势、机会与威胁因素，发挥优势，抓住机会，明确发展方向，找到实际情况与理想情况的差距和目前的不足，并针对威胁因素采取相应措施。

SWOT 分析法既可以用于创业者自身创业选择的分析，又可以用于创业机会或项目的分析，通过分析存在的优势和劣势、面临的机会和挑战，得出创业活动的以下四种战略。

- S-O 战略：发挥优势，利用机会。
- W-O 战略：利用机会，克服劣势。

- S-T 战略：利用优势，挑战威胁。
- W-T 战略：克服劣势，回避威胁。

S（优势）	W（劣势）
· 擅长什么 · 有什么新技术 · 能做什么别人做不到的 · 和别人有什么不同 · 顾客为什么来 · 最近因何成功	· 做不到什么 · 缺乏什么技术 · 别人有什么比我们好 · 不能满足何种顾客 · 最近因何失败
O（机会）	**T（威胁）**
· 市场中有什么适合我们的机会 · 可以学什么技术 · 可以提供什么新的服务 · 可以吸引什么新的顾客 · 怎样可以与众不同 · 5～10年的发展规划	· 市场最近有什么改变 · 竞争者最近在做什么 · 是否赶得上顾客需求的改变 · 政策环境的改变是否对我们有影响 · 是否有什么事情可能会威胁到我们的生存

利用 SWOT 分析创业项目的具体方法

下面给出一个对初具规模的创业团队进行成员满意度分析的实例，创业者可以以此为例，将这种方法应用到自己身上。

SWOT分析法	S	W
	· 员工认同企业文化 · 员工遵守企业制度 · 员工潜心业务，力求上进	· 薪酬水平在行业中偏低 · 加班较多，员工疲惫
O · 组织结构正在调整 · 企业即将进行B轮融资 · 股权结构即将改变	**S-O战略** 成立人力资源部，强化后备干部的培养，并为优秀员工建立良好的上升空间	**W-O战略** 建立更科学的绩效考核制度和薪酬分配制度
T · 高水平技术人才流失 · 团队缺乏高水平市场团队	**S-T战略** · 成立培训部，培养更多员工成为高水平技术人才 · 引进高水平市场团队	**W-T战略** 通过高薪/股份来挽留人才

SWOT 分析法应用实例

知识点总结

1．寻找创业机会需要重视市场需求和产品这两个要素，好的创业机会必须在机会窗口存在期间内抓住。

2．可以从专业背景、实践经历、兴趣特长、生活经历、环境优势等方面寻找创业机会，鼓励大学生创业者先立足专业，再放眼产业。

3．运用 SWOT 分析法，可以对被研究对象所处的局势进行全面、系统、准确的研究，从而根据结果制定相应的发展战略等。创业者要学会灵活运用 SWOT 分析法，提前规划创业梦想。

2.3.2　评估创业机会

了解了什么是创业机会，也学习了如何寻找创业机会，但这并不代表找到创业机会就要立刻开始创业，还需要用科学、理性的方法对创业机会进行评估。

下面介绍创业机会的评价标准，以及大学生在进行创业行业选择时的策略和技巧，分析大学生在创业时可能遇到的创业风险，进而更深入地评价创业项目的可行性及价值。

1．创业机会的评价标准

（1）盈利时间

一个优秀的创业机会往往会在项目开展两年内达到收支平衡或者取得正向现金流。如果回报周期超过三年，那么市场对于这一创业项目的信心度就会下降，投资人也会对创业者提出更高的要求。这是因为大多数创业者根本撑不了那么长时间，其他的投资人和合作伙伴也没有耐心等待那么久，长周期会给公司的现金流带来巨大的压力，这样的商业模式是否可行也有待讨论。所以，一个好的创业机会往往具有较短的盈利时间。

（2）市场规模

如果市场规模较小，那么企业的长期发展就会受到很大的限制。但如果创业者进入一个规模巨大而且还在不断发展的市场当中，即使只占很小的份额，也能够生存下来，度过发展期，在垄断利基市场后等待时机，再向更大的市场扩展。一般来说，市场规模越大，创业机会也就越有价值。

（3）资金需求量

大多数具有较大潜力的创业机会都需要大规模的资金作为支持，只需要少量或不需要资金的创业机会是极其罕见的。但如果需要过多的资金，这样的创业机会就缺乏对投资人的吸引力。对于自身经济实力较差的大学生而言，我们建议采用精益创业的方法，先用中等或较小规模的资金进行初步的尝试；而超出自身能力范围过多的项目，应该不予考虑。

（4）投资收益率

创业的目的是获得收益，这就要求创业机会能够有合理的营收能力。一个优秀的创业机会要有较高的毛利率和稳健的市场增长率。毛利率高代表了创业项目的收益能力强，市场增长率稳健代表了市场的发展潜力巨大。在计算投资收益率时，通常要通过净现值（NPV）、内部收益率（IRR）和盈利指数（PI）来分析。一般来说，如果每年的投资收益率都能维持在 25% 以上，这样的创业机会是较有价值的。

（5）成本结构

较低的成本会给创业公司带来较大的竞争优势，这样的创业机会的价值较高。企业通过大规模生产来降低成本也是可行的，但对于创业公司来说，常常不具有大规模生产的能力，这就需要企业通过技术的改进和管理的优化来获得低成本优势。一般来说，更合理的成本结构代表着更有价值的创业机会。

（6）进入障碍

如果创业机会面临着进入市场的障碍，那么就不是一个好的创业机会。这种障碍可能是资源的限制、政策的约束或者市场的准入控制等。但反过来说，如果创业公司可以借助先发优势在行业内优先建立起进入壁垒，那么这个创业机会就是一个有价值的机会。

（7）退出机制

创业公司的发展过程中总是会遇到核心人员的波动，特别是已经持有公司股份的合伙人退出团队。提前管理合伙人，提前约定退出制度，才能避免因为合伙人股权问题影响公司正常经营。一般来说，有吸引力的创业机会常常具有比较理想的退出机制，良好的制度保障了企业的正常运行。此外，投资退出机制的设定也十分关键，退出是投资人实现资本增值和降低财物损失的重要途径，常常包含上市、转让、回购和清算四种方式。总体来说，对退出机制没有良好设计的创业公司和创业机会不建议考虑加入。

（8）控制程度

如果行业内的竞争对手已经掌握了原材料来源、独占了销售渠道、取得了较大的市场份额或对于价格有较大的决定权，那么创业公司的发展空间就很小。除非市场的容量足够大，而且主要竞争者在创新方面行动迟缓，或者损害客户的利益，否则创业公司难以成功进入。总体来说，能够控制渠道、压低成本、控制价格的创业机会比较有价值。

（9）致命缺陷

创业机会不应该有致命缺陷（如明显违背道德、违反现有法律等）。如果有一个或者多个致命缺陷，那么这个创业机会就会变得没有价值。

2. 评估创业机会的具体方法

在了解了创业机会的评价标准之后，还要学习科学的评估方法，这样的方法一般来说有三种形式。

（1）定性分析法

定性分析法侧重考虑该创业机会所需要的成功条件，利用 SWOT 分析法判断本团队是否具有竞争优势；还需要考虑这个机会的落地实现是否与本团队的发展追求一致。利用定性分析法，常常是为了从战略层面考虑创业机会与团队的匹配程度。

（2）定量分析法

定量分析法主要是对创业机会的经济效益进行分析，它的任务是在初步拟定营销规划的基础上，从财务的角度进一步判断选定的机会是否符合创业目标，一般是从市场需求量、成本和利润三个角度进行分析的。

通过对市场需求量的预测，创业者可以了解这个创业机会面临的市场机会的市场现状和发展潜力，这也是进行经济效益分析的基础。市场需求量的预测可以运用一定的数学方法来进行，主要方法包括：趋势预测法、因果预测分析法、市场调查法、判断分析法等。

对于一个创业团队而言，做好成本分析与控制，就等于给创业项目做了一次诊断。创业者可以从投资成本、生产成本和营销成本三个方面进行分析，运用直线回归法等专业方法来预测成本。

在市场需求量和成本分析的基础上，进行利润的估算，一般可以采用损益平衡模型、现金流量模型、简单市场营销组合模型、投资收益率等分析方法。

（3）阶段性决策法

阶段性决策法明确要求创业者在机会开发的每个阶段都要进行评价。一个机会是否能完成预先设定的阶段性预期目标，在很大程度上取决于创业者所面对的约束或限制，这种约束或限制可能是项目的目标回报率、风险偏好、金融资源，也可能是个人责任心和个人目标等。所以在每个阶段都应对项目重新评估，一个不能通过阶段性评价的创业项目，应该被团队修改或者遗弃。通过循环反复的“识别—评价—开发”步骤，一个最初的创业机会将会逐步完善，成长为成熟的商业模式。

3. 大学生创业行业选择时的策略和技巧

从理论上说，限制大学生行业选择的因素可分为外部和内部两种，外部因素主要包括行业的发展前景、行业利润率、市场竞争程度等，而内部因素一般包括启动资金、兴趣爱好、大学生的自身优势等。

如何通过分析这些因素做出更明智的选择？

（1）行业的发展前景

大学生在选择创业行业时，不能只注重行业现在的发展情况，还要综合考虑行业的发展前景、政府的相关政策、世界经济的发展趋势和高科技产业的发展速度等。

大学生要根据行业自身的特色和经营模式，综合考虑行业在未来的世界发展浪潮中的位置。换一个角度，如果不选择创业，而选择直接就业，也建议大学生多关注行业的发展前景，将个人的发展与国家的发展联系在一起，个人价值才会得到更大限度的实现。

（2）行业利润率

一般的创业者在行业选择的初期，都会把绝大多数的注意力放在行业的利润率上。诚然，追求利润本身就是创业者的初衷。但很多时候，若想进入生物制药等高利润行业，团队需要有很高的科技水平。这类行业对于经营的场地和启动资金都有严格的要求，这对于大学生来说，都是不小的挑战。所以，大学生创业者在创业初期对于利润率要有比较理性的认识，不应该盲目地把利润率的高低作为衡量行业优劣的标准。

总之，利润率在行业选择的影响因素中占有一席之地，但不应该是唯一的因素。

（3）市场竞争程度

调查表明，目前很少有大学生创业者能够抓住行业的空白进行创业，他们选择的行业往往比较传统，行业的市场竞争程度也特别高。市场竞争程度直接影响了创业的难度和创业成功的可能性，也在某种程度上决定了企业未来在行业中的发展水平。

（4）启动资金

一般来说，启动资金是大学生在创业活动中遇到的最大障碍，也是制约他们行业选择的主要因素，一些具有极高的科技含量和发展潜力的项目就是因为资金的匮乏而搁浅。所以大学生创业者在尽可能调度个人资金的同时，也要学习拉投资的方法和技巧，尽快拉到天使投资，让资金短缺不再成为创业的一大障碍。

（5）兴趣爱好

众所周知，兴趣是最好的老师，爱好是不竭的动力源泉。大学生创业者在创业时如果能够结合自己的兴趣，通过创业的方式将自己的兴趣转变成现实的一种职业，将有助于创业的成功。大学生创业者基于自身的兴趣来选择创业行业，会对顾客的心理需求有很好的把握，在顾客服务方面有优势，能够将心比心，凭借细致入微的服务赢得顾客的认同，为创业的成功打下良好的基础。

（6）大学生自身优势

很多大学生在创业时希望能够结合自己大学所学的专业知识。知识和技能水平高，也正是大学生创业群体最显著的特征。前面我们列举的大学生创业案例，虽然是从多角度挖掘到的创业机会，但在从机会转变为企业的产品或者服务的过程中，他们都用了大量的专业知识、专利和技术成果。

所以，大学生若想创业成功，就要先回到专业学习中，以创新带动创业。客观地讲，创业是由综合实力很强的一批精英去完成的，而不是由抱着“找不到工作就创业”想法的社会人士完成的。知识和技能对于经济发展和社会进步的推动作用是巨大的，它是一种能起支配作用的生产要素。缺乏知识和技能，就在很大程度上失去了核心竞争力和生存空间。大学生经历了系统的高等教育，这也为大学生创业搭建了更高、更宽阔的平台。

4. 大学生的创业风险与规避方法

成功毕竟属于少数人，绝大部分创业者是在极大的不确定性中面临着坎坷与挑战，不断有创业者跌入陷阱，有的艰难爬起、坚韧前行，有的倒下后就再也没能站起来。

为了避免跌入陷阱，大学生创业者就要提前认知创业风险，明确这些风险中哪些是可以控制的，哪些是不可控制的，哪些是要极力避免的，哪些是致命的或不可管理的。也要准确衡量风险的最大损失并根据自己的承受能力进行权衡割舍。

（1）风险一：项目选择

大学生创业时，如果缺乏前期市场调研和论证，只是凭自己的兴趣和想象来决定项目方向，甚至仅凭一时心血来潮来做决定，那么很难成功。所以初期一定要做好市场调研，在了解市场的基础上创业。

（2）风险二：缺乏创业技能

很多大学生创业者都眼高手低，认为自己不必学习“创业”这门课，当他们将创业计划转变为实际操作时，才发现自己根本不具备解决问题的能力。一方面，建议大学生多去企业实习，积累相关的管理经验和人际关系；另一方面，建议大学生积极参加创业培训，积累创业知识，接受专业的指导，提高创业成功率。

（3）风险三：资金风险

成本观念是很多大学生缺乏的，实际上，资金问题往往是创业者遇到的第一个问题，也是最难解决的问题。在企业创办之初，就必须考虑是否有足够的资金维持运转，一定要提前草拟商业计划书来准备融资。通常在账面资金还能够支撑1年时，就要精心筹划，否则资金链断裂会给企业带来极大威胁。

（4）风险四：缺乏社会资源

企业创办、市场开拓、产品推介等工作都需要调动社会资源，大学生在这方面会感到非常吃力。平时大学生应该有目的地参加各种社会实践活动，扩大自己的人际交往范围。创业前，建议同学们先到相关行业领域工作一段时间，再通过这个平台为自己日后的创业积累人脉。

（5）风险五：管理风险

大学生创业者虽然技术出类拔萃，但理财、营销、沟通、管理方面的能力普遍不足。要想创业成功，大学生创业者必须技术、经营两手抓，也可以寻找技术、管理互补的人才加盟创业团队。

（6）风险六：竞争风险

如何面对竞争是每个企业都要考虑的事，而对新企业更是如此。如果创业者选择的行业是一个竞争非常激烈的领域，那么在创业初期极有可能受到同行的强烈排挤。一些大企业为了把小企业吞并或者挤垮，常会采用低价销售的手段。对于大企业来说，短时间的降价不会给它们带来太大的损失，但对于创业公司来说，却意味着彻底失败的风险。所以，大学生创业者要提前考虑好同行之间的残酷竞争。

（7）风险七：团队分歧

一个优秀的团队能使创业公司迅速地发展起来，但风险也蕴含其中，团队的力量越大，产生的风险也就越大。一旦创业团队的核心成员在某些问题上产生分歧，就极有可能对企业的发展造成强烈冲击。事实上，做好团队的协作并非易事，建议提前做好股权、利益的分配，避免后期的纠纷。

（8）风险八：核心竞争力缺乏

一个依赖别人的产品或市场来打天下的企业不可能成为优秀的企业。核心竞争力在创业之初可能不是最重要的问题，但是要谋求长远发展，它就不容忽视。所以，企业要注意挖掘和培养自身的核心竞争力。

（9）风险九：人力资源流失

一些研发、生产或经营性企业需要面向市场，大量的高素质专业人才或业务队伍是这类企业成长的重要基础。防止专业人才及业务骨干流失应当是创业者时刻注意的问题，在那些依靠某种技术或者专利的创业公司中，掌握关键技术的业务骨干流失是创业失败的最大风险。所以，创业者需要多方面考量，例如，培养

AB 角色，关键岗位要有备用人员，关键人员要用多维度激励措施等。

（10）风险十：意识上的风险

意识上的风险是创业团队最内在的风险，这种风险是无形的风险，却有强大的毁灭力。风险性较大的意识有：投机心态、侥幸心理、过分依赖他人、回本心理、试试看心态等。

大学生创业过程中遇到的风险并不仅限以上 10 个方面，在企业发展过程中，随时都有可能面临“灭顶之灾”。保持积极的心态、多学习科学方法、多汲取优秀经验，善于结合大学生既有的特长优势，大学生的创业之路会越走越长。

知识点总结

1. 在正式投入创业过程之前要对创业机会进行评估，可以从盈利时间、市场规模、资金需求量等方面考虑。同时要用科学的评估方法评估创业机会，常用的方法包括定性分析法、定量分析法和阶段性决策法。

2. 大学生选择创业行业时，要考虑行业的发展前景等外部因素，还要考虑启动资金、兴趣爱好等内部因素。

3. 创业之路道阻且艰，大学生创业者要清醒地认识各种可能的创业风险，客观地评估自己承受风险的能力，并提前对可能面临的风险有足够的认知和做好准备。

2.4　创业机会转化

2.4.1　什么是精益创业思维

从本质上看，一切创业都是围绕着为用户创造价值进行的，而创业者自身和创业公司也从中获取一部分价值。也就是说，价值创造是一切创业的本质。在价值创造的过程中，有两个最关键的要素，一是用户痛点的捕捉，即我们需要解决的问题是什么，用户的痛点在哪里。二是解决方案的提出，即要提供怎样的产品或服务来解决这个用户痛点。

硅谷是全球创业大本营，也是全球创业思维的发动机。硅谷创业思维的发展经历了两个阶段，一是火箭发射式思维，二是精益创业思维。

1. 火箭发射式思维

大概在 2006 年之前，硅谷流行的创业思维是依靠天才人物的天才设想。某个具有天赋的创业人物有个好创意，风险投资进入，封闭开发，投放市场，最终进行大规模的复制。在这个时期，硅谷主流的创业思维可以用三个词概括：Get、Big、Fast，即快速扩大，而它背后的主要推动力就是当时的风险投资家。

想象一下火箭发射的场景，按下发射按钮后会有什么后果？第一种结果是发射成功，这是大家都希望看到的；第二种结果是惨败，如火箭在空中爆炸；第三种结果是无声无息，这种结果的概率在火箭发射中是极低的，但在商业实践中却有 70% 以上的“发射”属于第三种情况。也就是说，在发布产品之后，市场上既没有正面的回应，也没有负面的回应。但坚持火箭发射式思维的创业者却常常意识不到这一点。

可以用一个路径图来表示这种方法。在火箭发射式思维中，用户需求 / 用户痛点被认为是已知的，整个过程是一个计划和执行的过程，需要做的是调研、思考，然后执行，再在执行中进行适当优化。火箭发射式思维是一种非常线性的创业思维，是基于商业计划的完美执行。在火箭发射式思维中，要求完美的计划和完美的执行同时存在。

长期以来，火箭发射式思维在硅谷非常主流，但是它存在一个巨大的缺陷。在整个创业的过程中，它缺乏持续的反馈、试错和验证过程，而把所有的赌注都集中在最后“按下按钮”的那一刻。但是在实际创业过程中，如果等到“按下按钮”的那一刻，一切都可能太迟了。

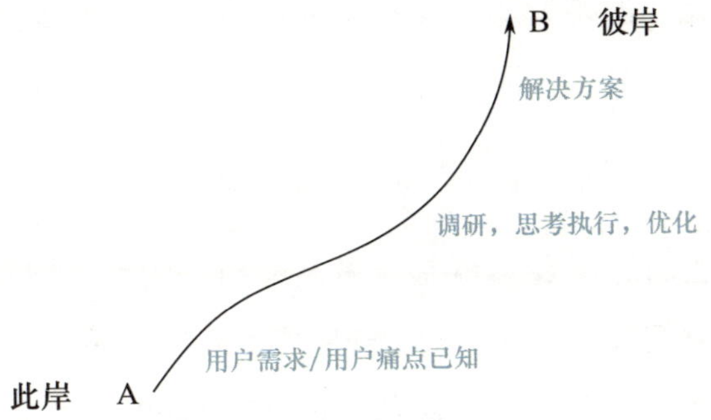

火箭发射式思维

案例一：微软公司发布新版本

许多非常著名的公司在用这种火箭发射式思维的产品开发方式。例如，微软公司在发布新版本时，经常会提前很久发布一个通告，而往往在发布日之前，微软公司又会发布一个跟进通告，说版本发布可能要推迟几个月。微软公司遵循的就是一种非常经典的火箭发射式思维，一切资源跟进，封闭开发，最终发布这个产品。

案例二：Webvan 之死

Webvan 公司起步于 1996 年，它提出的商业模式涉及中国在 2014 年非常火热的一个领域——生鲜电商。它提供线上订单和线下配送的服务，努力在 30 分钟之内将生鲜送到客户家中。

这家公司的创始团队可以称为梦之队，创始人鲍德斯在美国服务行业是一个传奇人物，最大的投资机构是红杉资本。这家公司在 1996 年年底成立之后，花了大概 3 年的时间，封闭开发。建立了庞大的仓储系统，设计了专用的系统软件，软件投入 1600 万美元。

当时它的仓储系统和我国目前的水平相比都不落后。极为震撼的商业模式，极为震撼的配送系统，这家公司 1999 年 IPO[1]，当时营收只有区

[1] IPO：首次公开上市，指一家企业或公司第一次将它的股份向公众出售。

区 400 万美元，但是筹集了 4 亿美元的资金，市值最高点冲到了 150 亿美元。

这样被市场广泛关注的产品，实际运营表现又是如何呢？

电商行业的底层逻辑就是流量，最相关的两个变量是“客单价”和“订单量”，它们决定了这个大型仓库能不能达到平衡点，这家公司仓库的利用率要达到 80% 以上，才能达到在 IPO 时提出的利润率目标。但在开业的第一个季度，旧金山的产能利用率小于 20%，在调整之后，也只有 30%。

不达预期的产能利用率使得它远远没有达到盈亏平衡点。

面对这样的情况，这家公司是怎么做的呢？它把在旧金山的大型仓库在全美 33 个城市进行复制。但思考一下，旧金山的这个模式被验证成功了吗？没有，而且距离预期差得很多。在苦苦支撑两年，“烧掉”投资人多达 12 亿美元之后，这家公司在 2001 年 7 月宣布破产。

回到我们所说的火箭发射式思维，Webvan 公司在商业模式根本没有得到验证的时候，就盲目地进行复制和放大。这样的做法不仅把这家公司背后的投资人拖入了深渊，甚至对整个行业造成了深远的影响。美国的生鲜电商虽然在 1996 年就起步了，但如今落后于中国，与这家公司的失败和投资界的恐惧并非毫无关系。

塞翁失马，焉知非福。Webvan 的失败和互联网泡沫的破灭，让硅谷开始反思火箭发射式思维。这种反思将创业者从一个高度可控的环境中，推到了一个高度不可控的环境中，这样的反思也掀起了“精益创业”运动的浪潮。

2. 精益创业思维

Webvan 的联合创始人的皮特瑞曼曾说，今天流行 MVP（最小可行化产品），但是当年最流行的是 GBF（快速扩大）。我们的问题就在于推广市场需要很长时间才能取得成功，而此时我们扩张的其他城市又在“用烈火烧钱”。今天看来，也许我们当时的商业模式有可能会成功，只是我们都没有等到那一天。

火箭发射式思维本质上是以自我为中心开始创业，天才式的人物加天才式的设想，认为创造环境是高度可控的，认为创业参数是可见的，终点、路径、甚至赛道都是已知的，需要做的就是调研、思考、执行、优化。

但是对绝大多数创业公司来说，它们所面临的环境从来不是确定的。

精益创业思维最基本的前提就是认为用户痛点和解决方案在本质上都是未知的，创业者不知道也无法完美地预测用户的痛点是什么，无法完美地设计一个解决方案。

用一个简单的路径图来阐述这个概念。我们想象中的用户痛点，永远无法百分之百和真实用户的痛点相吻合，只能通过不断地科学试错和迭代去逼近用户的真实痛点，而不是幻想能够百分之百地捕捉到用户痛点。同理，我们想象中或计划中的解决方案和有效的解决方案也无法重叠，计划中的解决方案只能不断逼近有效的解决方案。这个理念是整个精益创业思维中的关键。

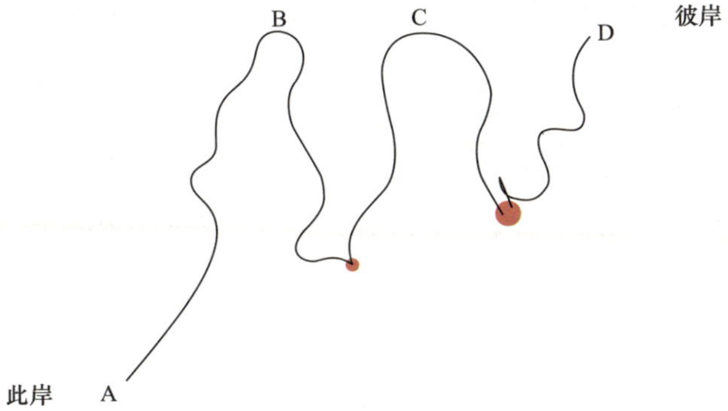

创业公司的实际情况

在创业公司的实际情况中，如果创业公司将起点定为 A 点，基本构想是从 A 点到 B 点，但有可能中间会有大调整。在从 A 点到 B 点的过程中，所获得的认知深化了创业者对用户痛点和解决方案的理解，有可能会将目标转化为 C 点，在到达 C 点后，经过进一步迭代，创业者对用户痛点和解决方案的理解又有所深入，最终达到 D 点。所以很多创业公司最终的盈利产品都不是最初设计的产品。

对于 D 点来说，无论是对用户痛点的理解还是提供的解决方案，都和原来假设的用户痛点和解决方案有非常大的偏差，这个偏差是基于用户痛点和解决方案的不断试错与迭代形成的。这个用户痛点和解决方案，是对真实的用户痛点和有效的解决方案的不断逼近。

精益创业思维的基本假设在于，它认为基本参数很难度量，未来不可预测，用户痛点和解决方案具有极高的不确定性，需要不断迭代并不断积累认知，从而逼近真实的用户痛点和有效的解决方案。

精益创业思维事实上不是关于假设或者计划的一门科学，而是在创业过程中用科学试错的方式积累认知，提出假设并用科学试错的方式验证假设的方法。这也是精益创业的核心。

知识点总结

1. 硅谷作为全球创业大本营，曾经流行的创业思维是火箭发射式思维，在火箭发射式思维下，强调两个完美：完美的计划和完美的执行。

2. 火箭发射式思维由于缺乏及时的反馈、试错和验证，因此存在巨大的隐患。随着互联网泡沫的破裂，硅谷开始掀起“精益创业”运动的浪潮。

3. 不同于火箭发射式思维，精益创业思维认为用户痛点和解决方案在本质上都是未知的，它通过科学试错和不断迭代逼近真实的用户痛点和有效的解决方案。

2.4.2 精益创业的逻辑框架

精益创业并非一门关于执行的科学，而是一个关于探索商业模式的方法论。从思维角度来看，精益创业有以下五项基本原则。

（1）用户导向原则

精益创业的核心是用户，所有的认知、迭代都是围绕用户展开的。而火箭发射式思维则是一种自我导向思维，即从创业公司或者创业者本身导入的创业过程。

（2）行动原则

在精益创业中，行动应先于认知，而不是传统意义上的用对事件的全部认知来引导细致的具体行动，这就要求企业要完成从“计划导向”向“行动导向”的战略转向。

（3）试错原则

从完美预测转向科学试错，后面将要介绍的 MVP 就是试错过程中非常重要的一个工具。

（4）聚焦原则

从火箭发射式思维转向单点突破，甚至在单点突破时，主动过滤市场上的“噪声客户”，这也就要求创业者聚焦在最关键的天使用户[1]上。

（5）迭代原则

从火箭发射式思维中的完美计划、完美执行，转化为精益创业中的快速迭代。值得注意的是，迭代速度的把控是非常关键的。

接下来，我们将围绕这五项原则，探索和学习精益创业的逻辑框架。

1. 精益创业的三个部分

创业公司与大公司有何不同？仅仅在于业务不稳定、波动大吗？两者的真正区别在于商业模式是否已知。大公司执行已知的商业模式，更需要执行层面的投入；而创业公司则探索未知的商业模式，更需要探索层面的投入。

创业公司不是大公司的微缩版，否则，我们今天根本不需要研究任何创业公司独有的工具，把大公司的工具直接应用到创业公司就可以了。创业公司之所以

[1] 天使用户就是一个产品的使用者中最认同产品，并希望更多人认同这个产品的人。

失败，常常是因为它们混淆了探索与执行。

对于创业公司来说，一个最重要的工具就是精益创业，精益创业包括三个部分。

第一，基本的商业计划。商业计划在精益创业的框架中只是前提和假设，哪怕再聪明的人制订出再完美的商业计划，也只是未被验证的前提和假设。

再好的商业模式也只是前提和假设

第二，用户开发。如何来验证这些前提和假设？这就涉及用户开发。传统的火箭发射式思维采用封闭开发的方法，它先进行产品开发，再导入用户。而精益创业则是和它完全相反的一种模式，要求把用户开发当成项目的重心，产品是依据用户需求而设计的。在实际操作中，用户开发和产品开发往往同步进行，创业者甚至要把用户开发放在产品开发之前。

第三，精益研发。在开发这个产品和服务的过程中，用精益研发的方式快速迭代、科学试错。

用商业计划建立前提和假设，从一开始就把用户导入创业过程中，用快速迭代、科学试错的方法获取认知，这三部分组成了精益创业的基本逻辑框架。

2. 传统的产品引入模型

一个产品要如何产生？在传统的产品引入模型下，首先通过商业计划产生基本的产品概念，然后导入资源、组建团队、进行产品开发，经过内部 / 公开测试之后，将产品投放市场，进行发布。

这种模型最致命的缺陷在于，所有的认知都来得太晚。尽管在拟订商业计划时会用一些用户调研的手段，但对象都不是真正的用户，真正使用产品的用户一直到最后环节才参与进来。换句话说，直到产品已经开发完毕，进入测试阶段时，团队才真正开始认知用户的反馈。所以，尽管这样的计划执行模式看起来非常完美，但它往往是创业公司走向死亡的原因。

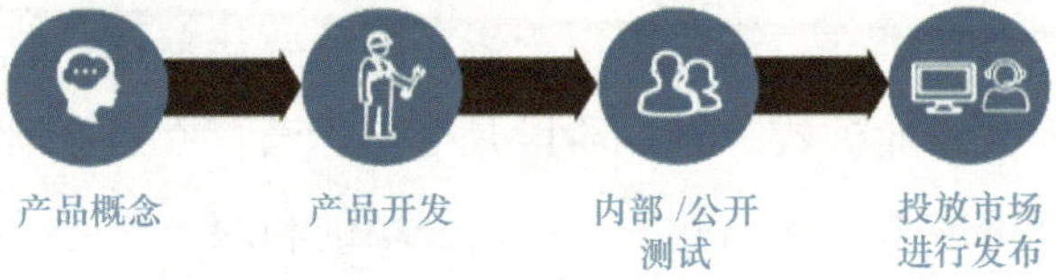

传统的产品引入模型

创业过程中最关键的不是某个产品或服务，而在于是否具有正确的认知，用户的反馈应该从一开始就贯穿在创业过程中。在传统的产品导入模型中，有两个隐含的假设，即用户痛点高度确定和解决方案高度确定；而在精益创业的框架里，这两个假设根本不存在。再完美的商业计划也经不起和用户的第一次亲密接触。

3. 探索与执行商业模式

一般来说，创业公司会经历四个发展阶段。第一阶段、第二阶段都是在探索商业模式；第三阶段商业模式基本确定，企业开始放大商业模式；第四阶段进入正常的运营状态。

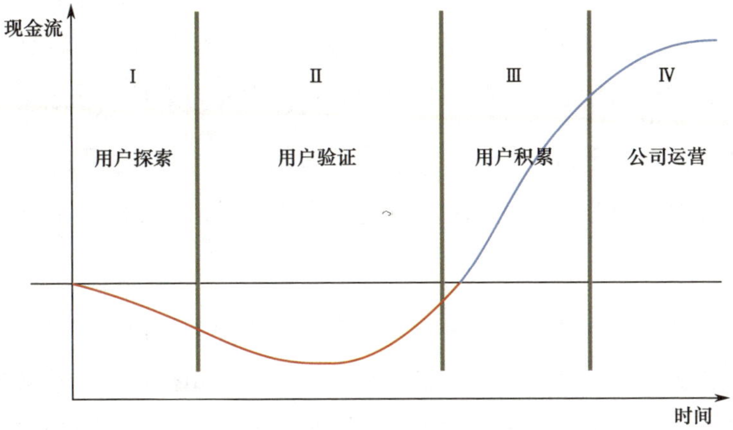

创业公司的四个发展阶段

具体来看，第一阶段，创业者进行用户探索，这是发散式的探索过程，不确定性极高，公司可能尝试多个方向，不断试错。在这个阶段内，小范围内的失败是十分正常且必要的；第二阶段，创业者进行用户验证，也就是聚焦式的探索。这时，公司已经确立了方向，团队可能要在三四个模式中选择一种商业模式；第三阶段，商业模式基本确立，进行用户积累，团队要培养用户黏度和活跃度，并不断扩展市场，放大商业模式；第四阶段是公司运营，在这个阶段内，一切趋于稳定，团队需要降低成本、提高效率，扩大公司的利润。

在第一和第二阶段，现金流往往是负的。对于创业公司来说，在这两个阶段能否在现有资金耗尽前通过快速迭代确定商业模式，是其能否存活的关键。

在硅谷的创业实践中，创业公司最终确定商业模式的时间点称为 sweet spot（甜蜜点），CEO 终于可以向董事会说："我们已经找到了未来的路径。"投资人也终于可以确认这个公司拥有一定的价值。

然而，这个时间点对于创业者来说，往往是个伤心点。数据表明，在这个时间点上，很高比例的创业者被替换，甚至被踢出董事会。为什么会在甜蜜点的时候出现大规模的 CEO 替换呢？这是因为探索阶段所需要的技能和执行阶段所需要的技能完全不同，而很少有人能够同时拥有"打江山"和"守江山"的技能。所以对董事会和投资人来说，选择更合适的人是更安全的。当然也有特例，最有名的例子就是亚马逊的创始人杰夫·贝佐斯，他从开始到现在都担任着公司的一把手。这也提醒想要创业的大学生，要不断地专注学习，提升自己的综合能力，努力不要使自己成为创业公司发展的瓶颈，不要因能力不足而残酷出局。

精益创业聚焦于前两个阶段，也就是完成从"0 到 1"的转变。而第三阶段，也就是"从 1 到 100"，第四阶段，也就是"从 100 到 1000"，则是传统商学院讲授的内容。

创业公司的失败大致可分为两种，一种是因为缺乏用户而失败，另一种是因为产品开发而失败。总体来看，缺乏用户而失败的公司数量要远远超过因产品开发而失败的公司数量。这就回到了精益创业的中心基点，也就是以用户为导向拉动整个创业过程，而非单纯以产品开发为导向。

4. 精益创业的逻辑框架

综观整个逻辑框架，精益创业的起点是用户探索，创业者通过和用户之间的互动来探索用户需求，并定义原始的用户痛点和解决方案。接着通过用户验证对用户痛点和解决方案进行科学的审视和修改。如果没有用户，那么就回转到整个精益创业的起点，重新探索用户需求并调整商业模式。在商业模式确立之后，创业就进入商业模式的放大阶段，也就是商业模式的执行阶段，在这一阶段更多依靠用户积累和公司运营。

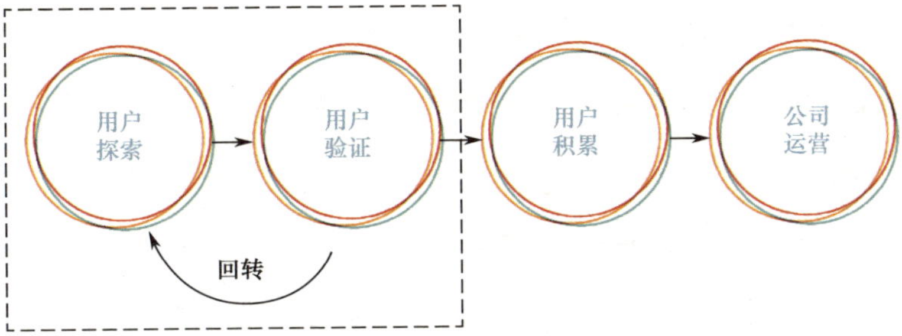

精益创业的逻辑框架

首先来看用户探索，这一步最基本的任务是定义两个基本问题，即用户的痛点是什么？创业者的解决方案是什么？在用户探索阶段，倾听的技巧尤为关键，建议通过观察和访谈来了解用户，而不急于推销产品，甚至在很长的一段时间内，将自己的解决方案隐藏起来。通过不断探索、不断迭代，最终把认知提升到一个新的阶段。

接下来要做的是用户验证，这一阶段要验证用户痛点假设和解决方案假设，同时验证商业模式是否可重复、可规模化。通过与核心的天使用户深度合作，逐渐得出前面两个问题的答案。

回转是精益创业中非常重要的反馈机制。如果在用户验证阶段得到的验证结果是：很难解决用户的痛点或者根本没有天使用户，那么就需要回到第一阶段，重新进行用户探索。所以说这是一个不断迭代和循环的过程，逐渐积累认知，将在市场上获取的认知回溯到计划，再通过迭代，不断获取对产品和市场的认知。

值得注意的是，回转的关键在于快速、敏捷和把握时机。这是因为创业公司的现金流有限，创业者必须在有限的时间内完成对市场的探索。很多创业公司的失败不是因为商业模式或者产品有问题，而是因为等不到最终能够完成商业模式验证的那一天。只有足够敏捷和快速，公司才能实现现金需求的最小化，为公司的原始优势的积累打下坚实的基础。

知识点总结

1. 精益创业的逻辑框架分为三个部分：基本的商业计划、用户开发、精益研发。

2. 传统的产品引入模型对用户和市场的真实认知来得太晚，精益创业不相信用户痛点和解决方案是高度确认的，它要求创业者在发展的过程中对用户痛点和解决方案不断调整和修正。

3. 精益创业的逻辑框架始于用户探索，再通过用户验证对初始的痛点和解决方案进行修正，回转发生在很难解决用户的痛点或者根本没有天使用户时。当商业模式被很好地验证之后，再通过运营和推广，最终走向成功。用户探索、用户验证构成的循环迭代的模型是整个框架的核心。

2.4.3 用户探索的基本方法

精益创业的第一阶段就是进行用户探索，在这一阶段中要回答用户痛点和解决方案两个基本的问题。

定义用户痛点在很大程度上是对需求的挖掘，它产生于人们的期望和现实之间的落差，它也比需求更加贴近本质。对用户痛点进行定义，就是要找到企业的立足之根。当我们假设用户痛点时，也要对用户痛点进行评估，用户痛点往往具有时效性，它会随着时间的推移不断演变；痛点的持续性和大小也直接决定了商业模式的规模上限和实现难度。

定义解决方案就像“用户要的是更高速的移动，而不是一匹更快的马”，团队能想到的解决方案往往是基于自己的认知的。所以在定义解决方案时，不仅要关注解决方案和用户痛点的匹配度和吻合度，还要努力挖掘用户痛点背后的真正诉求，进而从根源上找到解决办法。

每个痛点都是一个创业机会，痛点越痛，机会也就越大。下面主要介绍用户探索的基本方法，完成对用户痛点的深层次挖掘和解决方案的合理定义。首先来看下面这个案例。

Uber

Uber 是一家全球著名的超级独角兽企业，它是旗下同名打车软件 Uber 的开发商和运营商。经过短短十年的发展，它的市值已经达到了非常惊人的数字。

Uber 为传统的出租车提供了不同的解决方案。我们不妨将自己带入真实的场景中，看一下打车到底有哪些问题？一是打车难，在高峰时期，用户经常打不到车，等在路边，永远不知道下辆车什么时候来，不仅如此，在偏僻路段，成功打到车更是十分困难的事情。二是司机的服务质量参差不齐，驾驶员会听音乐或高声打电话，而乘客没有很畅通的渠道进行投诉和反馈。

分析这些需求，可以得到用户的痛点是，不能快速且舒适地解决出行问题。

在某种意义上，Uber 作为一个 O2O（Online To Offline）平台很好地满足了用户需求。举一个例子，在预约打车之后，Uber 系统会直接把乘客指派给距离最近的司机，司机接单走人，“强制接单”的方式节省用户的大量时间；有效的用户评价机制也促进了整体服务向更优良的方向演变。

抓住用户真实的痛点，往往会帮助企业走向真正的成功，但如何定义用户痛点和解决方案呢？

第一种方法是头脑风暴。头脑风暴往往是定义用户痛点和解决方案的基本起点。创业者带着强烈的同理心去进行头脑风暴，将自己视为用户的角色，想象真实的使用场景，从而定义用户痛点和解决方案。

第二种方法是访谈和观察。没有深度访谈和参与式观察，创业者获取的用户痛点和解决方案就会是不完整的，创业者对其的认知也会是有缺失的，所以创业者必须要把自己当成用户之一进行深入体会。

第三种方法是从失败中学习。这样的失败可能是自身尝试过程中犯过的错误，也可能是别人在探索过程中走过的弯路；这种低成本获取认知的方式是每一个创业者都应该掌握的。

这三种方法都是定义用户痛点和解决方案的最基本方法，通过这三种方法，也可以得到一个认知循环。这个认知循环往往始于头脑风暴，通过深度访谈和参与式观察的方法能够加深对用户痛点的理解，并且从其他创业公司的失败中学习，提升用户探索的水平。

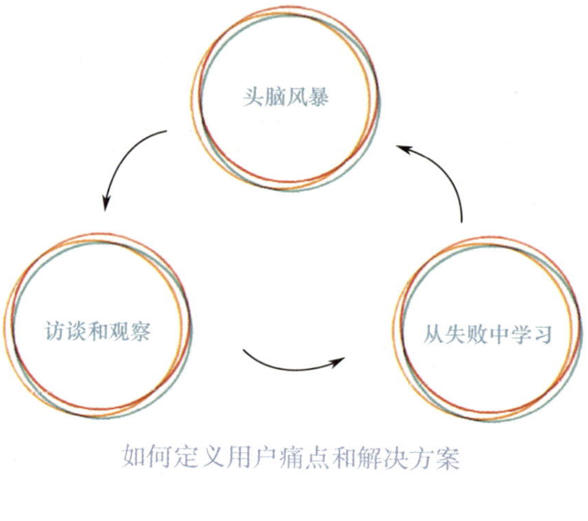

如何定义用户痛点和解决方案

接下来，将围绕这三种方法，进一步阐述它们的应用。

1. 头脑风暴

简单地说，头脑风暴就是一群人坐在一起集思广益，但这个方法也是有章可循的。在进行头脑风暴之前，最重要的就是明确问题。如果我们的问题是“如何设计出优秀的产品”，就可以通过购买、运送、使用到维护这样的产品使用周期进行分解，方便团队中所有人明确问题的维度。在每个分解的环节中，也都可以通过头脑风暴回答以下几个问题。

- 在这个环节中都有什么痛点，是功能性的痛点还是体现性的痛点？
- 我们能提供的解决方案是什么？
- 这个解决方案和原有的方案有什么差异？
- 我们自身能力是否能够匹配这个解决方案的落地和实现？

头脑风暴可以作为定义基本假设的基本方法，注意，任何头脑风暴的结果及任何在用户探索阶段得到的结论都只是假设，而且是未经证实的假设，并非最终的事实。

在进行头脑风暴时，也要遵守以下几项基本原则。

- 不要在想法刚刚被提出来时就进行抨击，先积累大量点子之后再进行判断。
- 鼓励大胆和天马行空的点子。
- 主持人要保证不能偏题。
- 一次只能有一个人说话。
- 追求更多的点子，数量越多，其中具有创造性的就越多。

头脑风暴有很多形式，例如，利用数据图表或者讲故事的方法来展现创意。这一过程中体现了一个重要的思维方法——发散性思维。我们要尽可能多地收集点子，在发散的基础上再进行聚焦。注意在发散的过程中，尽量不要引入价值判断，在聚焦的过程中再逐步进行价值判断。这对头脑风暴非常重要，在太多的头脑风暴过程中，还没有对某个点子进行发散性思考，就把这个点子锁定在某个特定的轨道上，这是一个常见的误区。

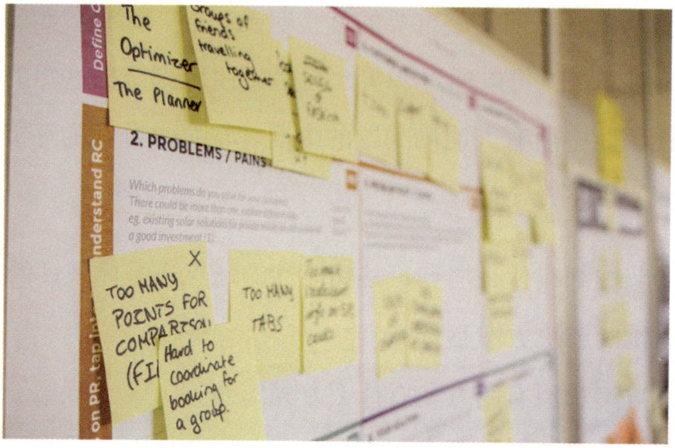

运用即时贴和白板进行头脑风暴

2. 访谈和观察

通过头脑风暴，可以对用户形成一些基本的认知；在此基础上，通过访谈和观察，我们可以让这些假设更加完整，这个方法在整个基本假设形成的过程中最为重要。

在进行访谈时，采访者需要一个基本的提纲作为指导，在采访前，也要学习一些访谈的技巧，以帮助访谈顺利进行。以下就是采访者常用的一些技巧和注意事项。

- 采访前做好充足的准备，了解采访对象的身世背景和性格特点，明确采访的时间和地点。
- 避免具有诱导性或暗示性的问题。
- 尽量提出开放性的问题。
- 适当追问，关注更深层次的原因。
- 通过面部表情、语气语调、肢体语言等营造良好的访谈氛围。

在掌握这些方法之后，下面通过一个具体的案例分析访谈和观察的作用。

福特

对大部分美国人来说，福特野马汽车代表了他们开拓进取、放荡不羁的精神，它在美国汽车发展史上起到了举足轻重的作用。回顾这款汽车的发展历史，我们不难发现访谈的作用。

第二次世界大战之后，一种名为直线加速赛的赛车运动在美国流行起来，美国各大厂商开始疯狂推出大排量的高性能汽车，市场反响也很好。但随着年轻人逐步成为汽车的消费主体，嗅觉敏锐的福特高层进入青年群体中深入调查，发现了年轻人对汽车的新需求：

- 拥有时尚的外观；
- 价格亲民；
- 紧凑型的跑车 / 轿车；
- 具有强劲的车辆性能。

在这样的需求的引导下，第一代野马汽车正式发布，这款车型不仅一炮而红，更是创造了经典。

20 世纪 90 年代，福特推出了野马的换代版，换代版的标注马力远远超过上一代，也就是动力更加强劲，但用户却常常反馈换代版动力不足，马力赶不上老车型。为了探究这一奇怪现象的原因，福特派了一个由社会学家组成的研究团队深入到用户中进行观察和沟通。

经过对用户的深入访谈，研究团队得出的结论是：马力这个概念不是一个数值概念，而是一种感觉，它与坐车时身体的晃动、感受的噪声都相关。改版之后，车比原来更平稳了，噪声也更小了，用户就误以为这个车动力不足。于是研究团队重新设置了关于马力的描述，它不再只是一个数值概念，还跟声音、身体晃动程度及车的行驶状态等有关。

无论是野马的产生，还是野马的换代，我们都可以发现，创业者可以通过访谈、观察和深入调查挖掘到很多超乎意料的信息，而这些信息是很难通过头脑风暴得来的。

3. 从失败中学习

比尔·盖茨曾说过："成功是个烂老师，他诱惑聪明人，自以为永远不会失败。"事实上，每一次成功的背后都有不同的机遇、需求等诸多不可复制的因素，创业者应该懂得积累失败的经验，而不是成功的方法，因为失败的经验可以成为未来成功的基石，而成功的经验几乎无法复制。

这种失败的经验可以来自团队自身在对市场探索中犯过的错误，这就需要用到第 4 章学习的一种重要工具——复盘；我们也可以从别人的失败中获取有用的信息，迭代自己的认知。

从失败中学习

在美国，有一家聚焦消费类产品的公司，它的商业模式非常简单，就是在美国设计并在中国生产，再运回美国销售。但它却利用精益创业思维，取得了行业内的独特地位。

这家公司非常善于从别人的失败中学习，当它打算设计一个新的电子产品时，它会派出大量的人力去阅读亚马逊上相关产品的差评，他们尤其关注那种销售量较多或者影响力较大的产品。这个团队每天专注分析同行所犯过的错误，最终将差评转化为认知，继而有针对性地迭代自己的产品设计。

最左边的这款音箱是竞争对手发布的在浴室中使用的无线小音箱。通过用户对产品的客观评价，这个团队发现了两个重要的经验：首先要在防水性上多下功夫，半开放式的设计不是一个好的选择；其次其开放式挂钩使得音箱在浴室里很容易滑落。

从差评中迭代产品

汲取了竞争对手的失败经验之后，公司设计的第一款浴室无线小音箱是全封闭的，挂钩也是防止滑落的封闭式挂钩。最右边的这款音箱是它的最终产品，在挂钩设计及防水设计上都有本质的飞跃。这家公司并没有依靠投入产品开发费用去获取认知，而是从竞争对手产品的差评中挖掘信息，代价几乎为零。

知识点总结

1．头脑风暴、访谈和观察、从失败中学习是定义用户痛点和解决方案的最基本方法，三者共同构成对于用户的认知循环。

2．头脑风暴的本质是集思广益，但值得注意的是，我们要汲取各种大胆的点子，不要过早地批评，要在发散的基础上进行聚焦。

3．访谈和观察可以帮助我们发现在头脑风暴中得不出的用户需求。

4．无论是否创业，从失败中学习都是需要掌握的技能，这种学习既体现在对自己曾经犯过的错误的反思，也体现在对竞争对手失败原因的思考。

2.4.4 用户验证的基本流程

如何验证在用户探索阶段获取的认知？在验证的过程中，要重点关注解决方案和用户痛点的匹配度。成功的解决方案需要与用户痛点高度吻合，总体来看，验证过程其实就是匹配的过程。然而，我们永远无法实现百分之百吻合，所以在用户验证的过程中，只有通过不断地迭代，才能实现对真实的用户痛点、有效的解决方案的不断逼近。

在用户验证的过程中，常用一种名为 MVP 的工具，下面具体介绍 MVP 的使用方法。

1. 什么是 MVP

MVP（Minimum Viable Product，最小可行化产品）具体是指针对天使用户的最小功能组合，它的本质是测试想要解决的需求是否真实成立。这一策略在使用时有两个关键点需要注意。

- MVP 并不需要针对所有用户，而只针对早期的天使用户，这群人对产品有更高的容忍度，也更愿意与创业团队互动，一起改进产品。

- MVP 只是一个最小、最基本的功能组合，我们要放弃一切不能帮助认知用户需求的功能，更快也更高效地接触用户；但在设计时，一定要加上“可用”这一评判维度，设计出对于用户刚刚好的产品。

所以，MVP 在用户和产品上都选择了最小的切入点，它是针对最小用户级的最小产品级。值得注意的是，最小功能组合虽然是 MVP 的关键点，但不是这个工具的核心。MVP 的核心是验证用户需求是否得到满足，而不是解决方案本身。

2. 用 MVP 验证两个基本假设

用 MVP 验证两个基本假设的过程可以分为三个步骤。第一步，设计 MVP。设计 MVP 既包括对天使用户群体的划分，又包括最小功能组合。第二步，测度与数据收集。将 MVP 投入使用，进行测度与数据收集，并将数据与预设指标进行比较。第三步，学习和迭代。从整个过程中获取认知，学习和迭代。

微信

微信就是使用 MVP 工具的典型案例，微信 1.0 就是在当时发布的最小可行化产品。当时，运营商的短信群发过程烦琐，短信费用也相对较高，针对用户的“熟人之间无法高质量通信”的痛点，腾讯推出了只有发送文字、图片消息和短信群发功能的 1.0 版本。在随后的版本中，微信才逐步加入发送语音消息、朋友圈等功能。

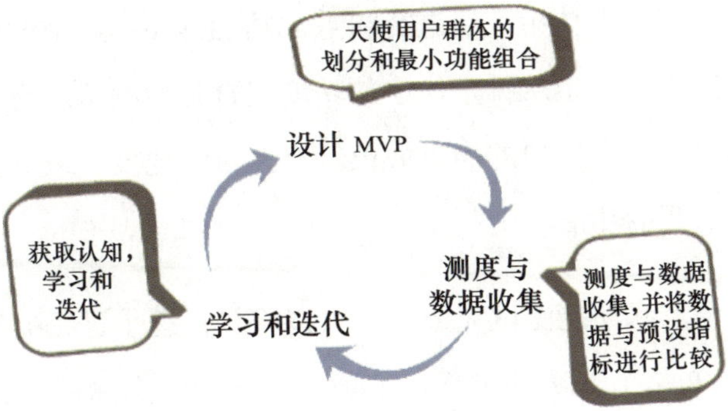

用 MVP 验证两个基本假设

下面具体介绍验证两个基本假设的三个步骤。

3. 第一步：设计 MVP

设计 MVP，首先要进行用户筛选，创业者不应急于放大用户群体，而应该主动做减法，过滤和筛选用户群体，找出最核心的天使用户；庞大的用户群宛如一座金字塔，而我们定义的天使用户就是处于塔尖的少量用户。

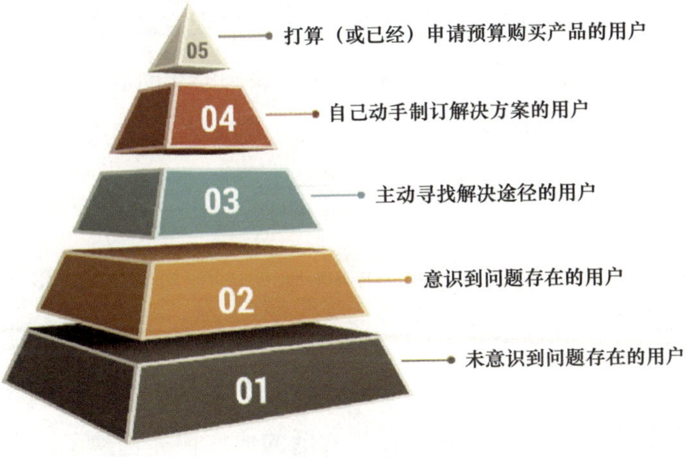

用户群体金字塔

天使用户具有两个最基本的特点：第一，只要能够解决他们的核心痛点，他们愿意尝试不成熟、不完美甚至有缺陷的产品；第二，他们愿意积极提供反馈，并积极推广这个产品或解决方案。

在划分出天使用户群体后，要进行痛点和功能排序，这个过程就是要在纷繁复杂的痛点和功能中，决定从哪个最小的功能组合开始测试。想要鉴别用户最迫切的痛点，就需要先获得用户的痛点假设，有针对性地推出最重要的功能，同时剔除那些暂时不需要的功能。

在最重要的痛点和功能测试完成后，可以将目标逐步过渡到第二痛点或第三痛点。所以，MVP 是个连续的过程，某个最重要的痛点测试完成之后，再向次重要的痛点迈进。

LinkedIn 公司的联合创始人里德·霍夫曼曾说过："无论你对产品的 MVP 下多大的力气，都可能发现它存在缺陷。"所以，对于痛点和功能排序，他提出两个关键点：第一，在做加法之前，聚焦于做减法，事实上，在很多时候，做减法可能比做加法更难；第二，做减法的过程中，加快速度。

MVP 的类型也是多样的，它可以看上去十分完备，也可以看上去非常简陋，它也可以包含静态界面、伪装按钮、PPT 等不会出现在最终产品中的要素。总而言之，我们要选出低成本的展示方法将产品最核心的功能展示出来。

Airbnb

全球著名的民宿租住网站 Airbnb 就是运用 MVP 的典型案例。两个创始人发现，有些人需要在酒店满房的情况下住宿，而有一群业主家中可能有闲置的房间无人使用，于是他们就想将双方的需求对接在一起。为了验证这是不是用户想要的，他们用非常低的成本快速构建了一个简易网站作为 MVP 产品，并上传了三个床位的信息。随后，三位租客的预订和付款初步证明了他们的想法，在此基础上，他们开始扩大规模迭代产品，最终取得巨大的成功。

Airbnb 初代网站

这里介绍一类重要的 MVP——产品原型，产品原型是产品方案的简单表达，它是产品和设计的示意图。产品原型有不同的形态，有细致、高保真的，也有原始、低保真的。无论哪种类型的产品原型，它的设计都必须遵从以下几条思路。

一是类比。通过观察其他行业或者自身行业，寻找类似的产品和服务，进而从这些产品和服务中获取灵感。

二是反证。通过观察其他行业或者自身行业，总结失败案例，以改进自己的产品原型设计。

三是跨界嫁接。把不同行业、不同产业的创新元素重新组合、嫁接，快速产生产品原型。

在产品原型设计的过程中，关键的制约条件是资源与时间，要在有限的资源、时间内，形成设计思路，完成有限功能的产品原型。

4．第二步：测度与数据收集

测度与数据收集是在设置 MVP 的基础上收集数据，来验证 MVP 的实际效果。在进行测度的时候，有多种工具可以使用。

第一个工具是对比测试。对比测试也叫 AB 测试，是指为产品或模块制作两个或多个版本，在同一个时间维度内，分别让组成成分类似的目标人群对它们进行访问和使用，收集群体中的用户体验数据和相关业务数据，通过分析，评估出最好的版本。

在硅谷，很多创业公司和行业巨头都广泛采用这样的方法，Google 就是其中的典型代表，它每年大概会有 6000 个项目投入研发，在研发过程中会进行超过 10000 次的 AB 测试。例如，Google 公司要将公司的 Logo 的位置移动一点，这尽管是一项极其细微的调整，但它也会观察用户点击数的变化，然后决定是否应该进行这项调整。

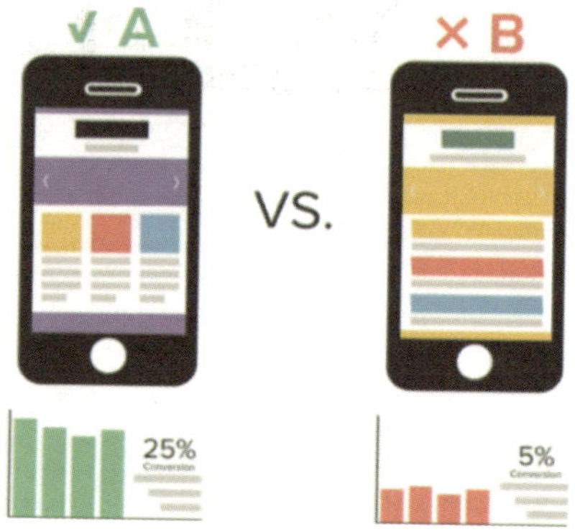

对比测试

不仅如此，Google 将每次的调整结果应用到极少的用户中，再观察数据表现，进行调整。逐步扩散，而非全面铺开，这样的方法让 Google 的项目成本显著降低，灵活度大幅上升。

第二个工具是同期群分析。同期群分析是一个与总量分析相对应的概念。用一句话总结，就是按照时间维度对用户建立分组，再观察分组用户不同的行为特征表现。如果我们只关注总体的数据，总用户数的不断增长可能会掩盖不同时期、不同用户的行为差异和活跃度差异。总量增长可能有很多方面的原因，同期群分析就是要把总体指标分解查看。

下图就是用同期群分析法分析软件留存率的实例。我们可以把用户分解成不同时期的群组，对每个时期的新增用户进行不同时期的分析，这样可以看到用户的活跃度、进入、退出、流失等数据，也就可以得到整个用户群体在不同时期更加准确、完整的数据。

留存　日　周　月　所有渠道　所有版本

首次使用日	新增用户	+1天	+2天	+3天	+4天	+5天	+6天	+7天
2017-10-30	17461	30.6%	25.8%	19.3%	12.2%	9.8%	8.2%	7.9%
2017-10-31	10465	22.3%	16.9%	12.7%	9.7%	7.6%	7.1%	
2017-11-01	7497	21.4%	18.3%	13.9%	10.5%	8.2%		
2017-11-02	11566	27.5%	20.6%	14.4%	10.8%			
2017-11-03	9832	23.9%	15.5%	10.1%				
2017-11-04	10656	29.8%	17.4%					
2017-11-05	3651	24.2%						

同期群分析法分析软件留存率

第三个工具是净推荐值。我们在测度用户黏性时，净推荐值可能是唯一有效的工具。净推荐值指的是产品的净粉丝量，用产品支持者的数量减去诋毁者的数量，所得净值就是预估产品未来发展空间和潜力的数值。

为什么净推荐值如此重要？因为净推荐值是和增长密切相关的一个指标。对创业公司来说，增长有三大引擎。第一大引擎是黏着式增长，也就是用户的增长率超过用户的流失率，通过创造用户黏性来创造增长。第二大引擎是创业公司都渴求的增长方式，也就是病毒式增长，它的基本前提是推荐系数大于 1，推荐系数是指现有用户群体推荐的比例。例如，有 10 个用户，如果其中 1 个人推荐你的产品，推荐系数就是 0.1。推荐系数大于 1 是指现有的 10 个用户通过推荐能够带来新用户，这就是病毒式增长的必要条件。第三大引擎是付费式增长，通过传统推送式的营销方式来获取用户。付费式增长的基本前提是用户的终身价值要大于用户的获取成本。一般来说，用户的终身价值要三倍于用户的获取成本，这种付费式增长引擎才值得使用。

5. 第三步：学习和迭代

不论多伟大的产品都是迭代出来的。在学习和迭代的过程中，需要遵守以下几个基本原则。

- 迭代产生的功能，必须围绕用户展开，而非对多种功能的简单堆积。
- 尽量限制添加的功能数量，不紧急、不重要的功能不需要添加至项目中。

• 整个学习和迭代的过程应该非常开放与透明，采用系统的命名方法对不同版本进行标注，对于企业的发展和资源管理是十分有益的。

SpaceX

SpaceX 被认为是目前发展最成功的私营火箭制造商之一，它帮助美国国家航空航天局（NASA）发射火箭、运送物资到空间站。作为一家民航公司，SpaceX 也成功研制了可回收的火箭型号，使得商业航空飞行成为可能。相比于 NASA，它的运输成本更低，顶尖技术也突飞猛进，这样快速发展背后的关键驱动力就是不断迭代。

SpaceX 的迭代速度是惊人的。由于火箭造价高昂，精度要求高，以 NASA 为代表的传统公司常常以年或者是十年为单位规划研究目标，频繁的审批成了困扰 NASA 发展的厚重枷锁。而 SpaceX 在最初没有技术壁垒的情况下，开发以“降低成本”为目的的动力系统、箭体结构等，通过以月为单位的革新速度，迅速在技术上赶超 NASA，也将成本控制在远低于市场均价的水平。

知识点总结

1. MVP（最小可行化产品）是进行用户验证时的重要工具，它是针对最小用户级的最小产品级，目的在于对用户探索阶段得出的两个基本假设进行验证。

2. 用 MVP 验证两个基本假设的过程可以分为三个步骤。第一步，设计 MVP。第二步，测度与数据收集。第三步，学习和迭代。

2.4.5 精益创业的应用案例

首先回顾一下精益创业的内容，它的核心思想是，先在市场中投入一个极简的产品原型，然后通过不断学习和有价值的用户反馈，对产品进行快速迭代、优化，以不断适应市场，可将这一过程拆解为以下几个关键点。

- 用户有什么样的需求？用户是否愿意为这个需求买单？你提供的产品是否能满足用户需求？你的营销方式能否低成本、高效率地获得用户？
- 通过 MVP 和可帮助判断的数据来检验你的假设，若成功，则继续运营，若失败，则反思转型。
- 快速实践是检验产品的唯一标准。

下面通过一个案例来介绍在实际的商业环境中，如何应用精益创业的方法获得成功。这名创业者是龙清鉴，他成立的公司叫做五百丁，主要业务是帮助求职者制作简历。从这个创业想法产生的原因来看，一是龙清鉴发现了简历这一细分领域的巨大需求和商业机会，二是他自己拥有一套美化简历的方法，依靠这样的优势，他开始了精益创业之旅。

1 用户有什么样的需求？

龙清鉴打算先从帮助求职者搞定一份“漂亮”的简历做起。当时在互联网上，基本上没有这样的产品形态，很多所谓的精美简历模板其实与传统的表格简历没有区别。所以，龙清鉴在豆瓣上注册了账号，然后去几个高人气小组发帖，承诺免费帮助求职者修改他们的简历，让简历变得更“有范儿”。一个月的时间里，龙清鉴收到了约 1000 个求职者的简历修改申请。这里面，营销策略有很大的功劳，首先，每次修改完成，他都会发布修改前后的对比图（隐藏关键信息），因为每天的修改精力有限，他设定了以下申请规则。

- 每天只修改 4 份简历，求职者在凌晨 00:00 以后可以开始申请，根据申请时间先后进行修改，实时更新修改进度。
- 申请修改的求职者需完成推广任务，包括加 QQ 群、转发微博等。

在这个规则下，龙清鉴发现，申请修改的人越来越多，每天都有很多人在凌晨疯狂申请，由于名额有限，没排上的人第二天又会继续申请。

到这里，龙清鉴已经通过“美化简历”这个 MVP 验证了用户需求。

2 用户是否愿意为这个需求买单？

几乎所有的创业行为都要经历商业化的过程，这一点对于创业者来说也格外重要，别指望通过一轮轮的商业投资维系公司，资本逐利的属性会让其抛弃不赚钱的商业模式。

回到龙清鉴的创业经验上，他在验证了用户需求之后，马上去探求更长效的商业模式，他在淘宝上开店，把之前修改完成的简历做成模板进行售卖，用户下单后通过电子邮件发送。在店铺开业两个月后，店铺等级就升到了 4 个钻石。

到这里，这个项目的商业模式也得到了验证，于是他们的团队开始准备创业。

3 你提供的产品是否能满足用户需求？

在决定创业以后，龙清鉴快速拿到了第一笔投资，一个月后，五百丁简历网站正式上线。网站第一个版本提供的功能非常简单，UI 交互也相对粗糙，按龙清鉴的话说，就是把淘宝店铺转移到了五百丁简历网站上而已，用户可以付费购买模板，然后自行下载。

网站上线后，通过淘宝导流过来的用户也让网站实现“零启动”，网站客服的标识做得很醒目，用户如果遇到问题，直接点击客服图标就可以加入售后 QQ 群。“这是一个重要的反馈渠道，团队几乎每天都要花半天的时间去做客服工作，跟用户聊天，收集他们的反馈，听取他们的建议”，龙清鉴说。

经过大量的用户信息收集反馈，五百丁团队很快发现了新的问题，他们的模板虽然很能抓人眼球，但是对于用户来说，用 Word 来编辑和修改这样的模板需要很高的学习成本，毕竟在此之前，大部分用户还没有掌握 word 中复杂的功能。五百丁简历网站提供的模板有很复杂的排版布局过程，一个操作不当，整个模板就变成了“灾难”。所以，五百丁简历网站在一个半月后又上线了第二个版本，提供了在线编辑功能，用户只需进行简单的文字填写即可完成简历制作，此后，五百丁团队又陆续研发了网页简历 / 移动简历等功能，用户一次编辑，即可生成三种类型的简历，产品的口碑在快速迭代的过程中不断提升。

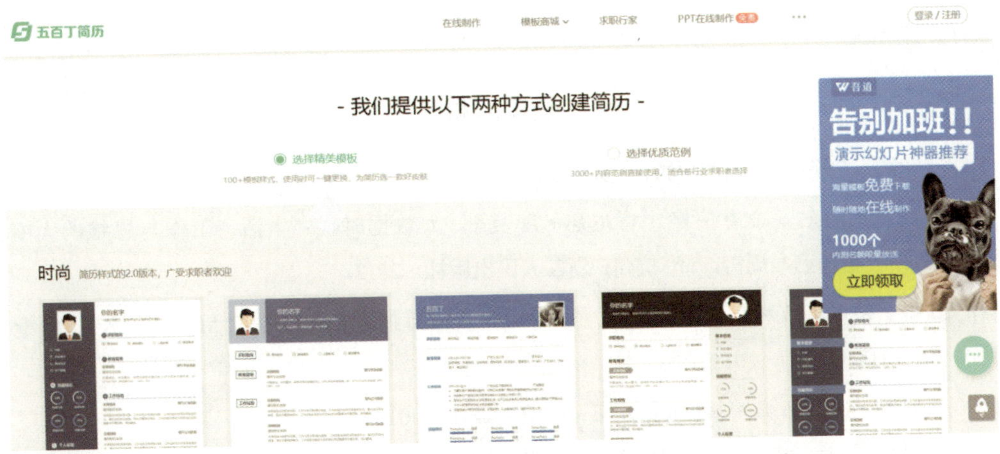

五百丁简历网站

4. 你的营销方式能否低成本、高效率地获得用户？

一开始，五百丁团队采用的是常规营销推广的方式，微博 / 微信 / 论坛等轮番上阵，但是龙清鉴马上发现，这种方式费时费力，带来的回报却很小。通过外部推广的渠道带来的流量，每天只有几百个 IP，这对于需要快速成长的创业项目来说，是远远不足的。

于是龙清鉴决定转换思路，采用合作推广的方式，他将目标转向了“竞争对手”，所有在搜索引擎上通过“简历”关键字能检索到的网站，龙清鉴都主动联系，他提供两种合作方式，一种是广告投放，还有一种是销售分成，在发了一大批邮件和短信之后，龙清鉴很快收获了三个合作伙伴，分别是应届生求职网、职业圈、大学生简历网，前两者更是关键字检索结果中的前三位、每天访问IP达百万的流量大站，通过合作伙伴的流量导入，五百丁简历网站的流量很快有了爆发式增长，也一举奠定了其在“简历”这个细分领域中的领先地位。

经过这样精益创业的过程之后，五百丁成长为拥有650万用户的细分领域中的领先公司。

参考文献

[1] 马化腾．互联网+：国家战略行动路线[M]．北京：中信出版社，2015.

[2] 维克托•迈尔-舍恩伯格，肯尼思•库克耶．大数据时代：生活、工作与思维的大变革[M]．盛杨燕，周涛，译．杭州：浙江人民出版社，2012.

[3] 彼得•蒂尔，布莱克•马斯特斯．从0到1：开启商业与未来的秘密[M]．高玉芳，译．北京：中信出版社，2015.

[4] 孙陶然．创业36条军规[M]．北京：中信出版社，2015.

[5] 王煜全．科技前哨[M]．北京：中信出版社，2018.

[6] 陈承欢，杨利君，高峰．创新创业指导与训练[M]．北京：电子工业出版社，2017.

[7] 李彦宏．智能革命：迎接人工智能时代的社会、经济与文化变革[M]．北京：中信出版集团，2017.

[8] 布兰特•库伯．精益创业家[M]．创业基金会，译．北京：机械工业出版社，2015.

[9] Ash Maurya．精益创业实战（第2版）[M]．张玳，译．北京：人民邮电出版社，2013.

[10] 龚焱．精益创业方法论：新创企业的成长模式[M]．北京：机械工业出版社，2015.

[11] 特雷弗•欧文斯．精益创业：打造大公司的创新殖民地[M]．梁赛玉，译．北京：人民大学出版社，2016.

[12] 孙洪义 . 创新创业基础[M]. 北京：机械工业出版社，2016.

[13] 比尔・奥莱特 . 有序创业 24 步法：创新型创业成功的方法论［M]. 徐中，译 . 北京：机械工业出版社，2017.

[14] 曹磊，陈灿，郭勤贵，等 . 互联网 + 跨界与融合［M]. 北京：机械工业出版社，2015.

[15] 龚焱 . 精益创业方法论［M]. 北京：机械工业出版社，2014.

第3章

资　源

3.1 创业资源

3.1.1 认识创业资源

在蒂蒙斯创业模型中，成功的创业活动必须对商机、创业团队和资源进行适当的匹配，对三者的动态调整也贯穿着整个创业过程。创业过程由创业团队启动之后，创业团队需要创造性地整合资源和利用资源，这样才能顺利实施创业过程。

在前两章的学习中，我们已经对创业团队的组建和商机的识别有了初步的认识，在本章中，我们就要对第三大要素——资源，进行系统的学习。

1. 什么是创业资源

资源就是任何一个主体在向社会提供产品或服务的过程中所拥有的或者能够支配的有助于实现自己目标的各种要素及要素的组合。

对于创业者来说，只要是对其项目和企业的发展有所帮助的要素，都是创业资源。最基本的创业资源有人力、资金和创业项目，还包含技术支持、销售渠道、咨询机构、潜在用户甚至政府机构等。

创业资源是企业创办及成长过程中需要的各种生产要素和支撑条件。简单来说，创业资源是创业者具备的一些创业条件，也是创业公司在创造价值的过程中需要的特定资产。

值得注意的是，不是所有的资源都能给企业带来正向的价值，根据企业资源基础论[1]的观点，只有在资源符合 VRIN 框架时，才可以作为竞争优势的基础。VRIN 是指四个评价要素，具体包括以下内容。

---

[1] 企业资源基础论是 1984 年由沃纳菲尔特提出的，它的基本思想是把企业看成资源的集合体，并将目标集中在资源的特性和战略要素市场上。

• 有价值的资源（Valuable）。它是企业构想和执行发展战略、提高效率的基础。

• 稀缺的资源（Rare）。把握稀缺的资源是企业保持长效竞争力的有力武器，这种资源可能是产品或服务的专利权，也可能是智力资本或有才能的人。

• 无法仿制的资源（Imperfectly Imitable）。它常常需要同时具备以下三个特点：历史条件独特，时机过了就不容易获得成功；因果模糊性，竞争者很难从外部发掘资源出现的秘诀所在；复杂性，这种复杂性既体现在技术的复杂上，又体现在社会现象的复杂上。总之，具有无法仿制的资源可以帮助企业以小搏大，走向成功。

• 难以替代的资源（Non-Substitutable）。有效的资源不能是既可复制又不稀缺的替代品。

符合 VRIN 框架的资源能为创业团队带来竞争优势的可持续基础。

2. 创业资源的分类

创业资源有多种分类方式。

按照在企业发展规划中的参与程度，创业资源可分为直接资源和间接资源。财务资源、经营管理资源、人力资源、市场资源是直接参与企业发展规划的资源要素，把它们定义为直接资源；政策资源、信息资源、科技资源这三类资源更多的是为创业公司提供便利和支持，而非直接参与企业战略的制定和执行，因此，把它们定义为间接资源。

下面具体分析每一类资源。

（1）财务资源

创业者在开始创业之前需要考虑是否有足够的启动资金，所拥有的资金能否支持创业最初一段期间内的亏损。这些问题的答案直接影响企业的发展战略。而且，创业公司往往由于资产不足而缺乏资产抵押能力，很难从银行得到足够的贷款，这更使得资金源成为企业高速发展的瓶颈。财务资源是每个创业者都要极为关注的资源。

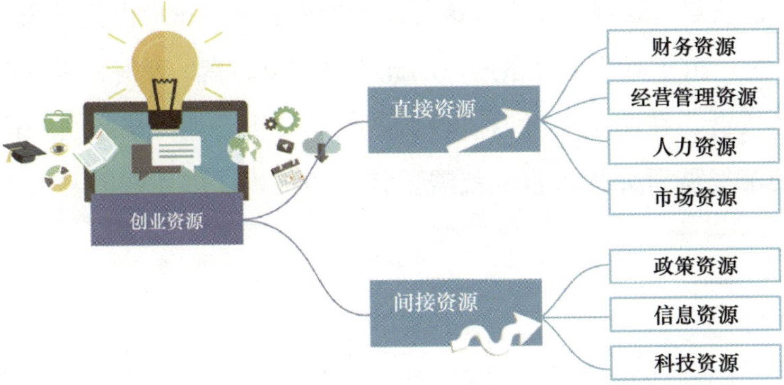

创业资源的分类

（2）经营管理资源

如何管理好现有的客户渠道？如何确保及时满足企业运营需求？在不断变化的外部环境面前，企业内部如何能有效地按照最初设想运转起来？这些问题的答案和适合自己团队的经验都是极为宝贵的财富，直接影响企业的战斗力。

（3）人力资源

人才对于创业公司的成长和发展已经越来越重要。高素质人才的获取和开发是企业可持续发展的关键；对于高科技企业来说，强大的智力资本和人才储备显得更为重要。

（4）市场资源

如何进入这个行业？有什么优势？这个行业的特点是什么？盈利模式是什么？是否有一定的商业人脉？市场和用户在哪里？销售的途径有哪些？营销网络与用户资源、行业经验资源、人脉关系都属于重要的市场资源。

（5）政策资源

政府对于创业者的扶持和免息贷款的发放都是重要的政策资源，对行业相关政策的把握也是利用好这类资源的重要方式。

（6）信息资源

企业依靠什么进行决策？从哪里获得决策所需要的信息？市场上有专业的机

构对信息进行收集、处理和传递，这可以为创业者的决策提供指导和参考。对于创业公司来说，由于竞争十分激烈，因此更加需要丰富、及时、准确的信息，以争取更多的资源。在网络上可以以较低的成本获得行业分析报告，但如果要得到更专业的市场调研分析报告，就需要找专业机构，创业者需要考虑成本进行选择。

（7）科技资源

在这样一个科技驱动发展的时代，相比于模式创新，科技创新更能体现出大学生创业者的优势。建议大学生创业者积极寻找有商业价值的科技成果，经常与导师一起进行产学研探索，加快产品的研制和成型速度，缩短产品进入市场的时间。

此外，根据学者巴尼等人的观点，可将创业资源按照重要程度划分成人力和技术资源、财务资源、生产经营性资源三类。人力和技术资源在创业时期是最关键的因素，创业者及创业团队的洞察力、知识、能力、经验及社会关系影响整个创业过程的开始与成功。在企业初创时期，专门的知识技能往往掌握在少数人手中，此时的技术资源实际上和人力资源紧密结合，二者共同成为企业竞争优势的重要来源。

3. 大学生创业者最重要的资源

对于大学生创业者来说，最重要的创业资源是资金、技术、人力。

第一，启动资金是必要的，但这里普遍存在一个错误观念：为了创业成功，首先必须让所有的资源都到位，尤其是资金必须到位。其实，当一支强有力的管理团队构思出一个有发展潜力的商机，并推动商机的实现时，资金自然而然就跟着来了。现在短缺的是高素质的创业者和有前景的商机，而不是资金。

第二，技术决定着创业的发展走势及核心竞争力，技术也是决定产品的市场竞争力和获利能力的根本因素。很多时候，拥有了核心技术，就拥有了获得资金支持的资本。例如，哈工大的创业明星万龙和冷晓琨，都是以博士的身份凭借专业技术起家的。但拥有技术，不代表拥有一切，正如在第 2 章中提到的新技术陷阱，无论任何企业，最终的落脚点都要体现在用户需求上，最终的成功都要依靠成功的商业模式。人的重要性不仅体现在用户上，而且体现在团队自身的人力资源上。

第三，人力。苹果公司创始人乔布斯曾说："刚创业时，最先录用的 10 个人将决定公司成败，而每个人都是这家公司的十分之一。如果 10 个人中有 3 个人不是那么好，那你为什么要让你公司里 30% 的人不够好呢？小公司对于优秀人才的依赖要比大公司大得多。"人力资源是对创业公司的持续发展最重要的资源。大学生创业时最艰难的不是资金的匮乏，而是知识、信息、技能的匮乏，以及社会经验和意志力的欠缺。创业越深入，这些关于人才的弊端就越凸显。一旦公司成立了，创业团队的经营管理能力及经验就至关重要。

创业过程既是一个对市场不断探索的过程，又是一个对企业内部的各种资源进行整合的过程，同时还是一个不断学习的过程。大学生创业者若想真的创业成功，就需要下苦功夫，承受身体上的辛苦和精神上的孤独，在某一领域不断地整合资源，逐步打造竞争优势。

知识点总结

1. 创业资源是企业创办过程中需要的各种生产要素和支撑条件。但并不是所有资源都能成为竞争优势的基础，可以用 VRIN 框架来评价资源的质量。

2. 按照在企业发展规划中的参与程度，创业资源可分为两大类、七小类，每一类资源都可以解决企业发展过程中的一些难题，也可以从资源的角度帮助创业者制定发展战略。值得注意的是，在创业初期，人力资源具有非常关键的作用。

3.1.2　获取和整合创业资源

从某种程度上来说，创业就是对资源不断利用的过程，无论创业初期、创业发展期或创业稳定期，都需要创业者不断整合和扩展资源，有效地管理好已有的优势。

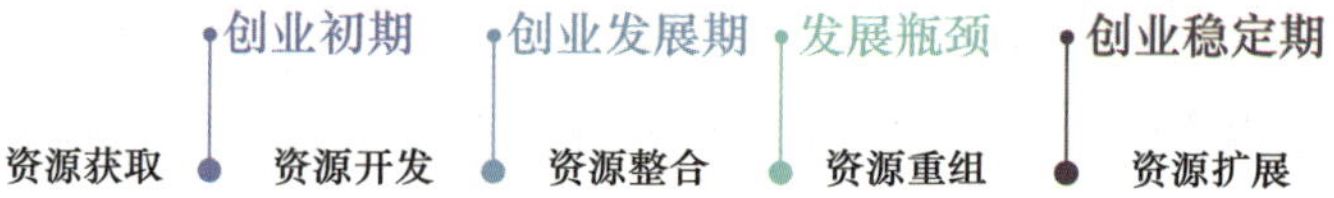

资源贯穿创业的始终

下面将介绍如何发现创业资源并有效地整合它们。

1. 获取创业资源的途径

大部分创业者失败的根本原因都是不会从社会上获取资源并整合已有的资源。接下来，根据对大学生创业者来说最重要的三个资源，分别介绍如何系统性地获取社会上的资源。

（1）资金

对于外部资金的获取，一般可以通过以下五种途径。

- 靠亲友筹资，双方形成债权债务关系。
- 抵押、银行贷款或企业贷款。
- 争取政府某个计划的资金支持。
- 所有权融资，包括吸引新的拥有资金的同盟者加入创业团队，吸引现有企业以股东的身份向企业投资、参与创业活动，以及吸引创业孵化器或创业投资人的股权资金投入等。
- 一份详尽可行的创业计划，可吸引一些大学生创业基金甚至风险投资。

资金获取的主要途径

获取外部资金的支持，需要做好一系列准备。一个资深的投资人曾经说过：“创业首先要用自己的钱干起来，你自己的钱都不投进去，凭什么让别人为你投钱。”和冷晓琨一起创业的安子威，就把自己在投行工作时赚的300万元人民币一次性地投入到了乐聚公司的发展当中。

（2）技术

获取技术资源的途径如下。

- 吸引技术持有者加入创业团队。
- 购买他人的成熟技术并进行市场化分析。
- 购买他人的前景型技术，再完善开发。
- 招募技术持有者作为员工。
- 团队自行研发。

上述五种方法是获取技术资源的有效途径。创业者应该随时关注国内外各高校实验室、老师或者学生的研发成果，定期去国家专利局网站查阅各种专利申请，养成及时关注科技信息、浏览科技报道、留意科技成果、发现具有商机的技术的习惯。

政府机构、同行创业者、专业信息机构、图书馆、大学研究机构、新闻媒体、会议的网站、微信公众号等都是创业者获取信息的渠道，创业者可以根据自己的实际情况与各种方式的特点，选择一种或多种方式，尽可能地获取有效的、需要的信息。

（3）人力

创业者及其团队拥有的知识、技能、经验、人际关系、商务网络等都是重要的人力资源。

创业前，建议大学生创业者去相关企业实习，通过实习的经历学习行业知识，建立客户渠道，积累企业运作的经验，学习开拓市场的方法，了解盈利模式。如果是为了积累经验而到一个公司实习，应该选择什么样的公司？是世界 500 强之类的大公司还是小公司？在这个问题上，可以参考迪士尼 CFO[1] 加里·威尔逊的观点："在小公司任职，可以给你一种广阔的视野并向你提供更具创意的机会，小公司承受不了臃肿的结构，小公司的工作涉猎广泛，为创业者在大

[1]　CFO：Chief Financial Officer，首席财务官。

公司发展、经营打下良好的基础。”但在大公司中，你也可以学习到更成熟的管理方式和成功经验，也会更方便地认识优质的客户。所以，这是一个见仁见智的问题，但是，无论如何，一段深入的实习经历是大学生创业者获得人力资源的重要途径。

2. 如何整合创业资源

创业资源不在于拥有，而在于整合利用。创业者在每个阶段都要问自己，怎样才能用有限的资源获得更多的价值。可以通过以下三个方法来整合创业资源。

（1）善用资源整合的两个技巧

第一个技巧是学会拼凑。很多创业者都是拼凑高手，在已有元素的基础上添加新元素并重新组合，形成在资源利用方面的创新行为，进而带来意想不到的惊喜。创业者通常利用身边能够找到的一切资源进行创业活动，有些资源对他人来说也许是无用的，但创业者可以通过自己独有的经验和技巧，对其加以整合创造。例如，很多高新技术企业的创业者并不是科班出身，出于兴趣或其他原因，对某个领域的技术略知一二，却凭借略知一二敏锐地发现了机会，迅速实现了对相关资源的整合。

第二个技巧是步步为营，即创业者在创业的不同阶段分批次投入有限的资源。首先表现为节俭，设法降低资源的使用量，降低管理成本。但也要注意度的把握，否则过分强调降低成本，会影响产品和服务的质量，甚至会制约企业的发展。例如，为了求生存和发展盗用别人的知识产权，以次充好，不注意环境保护等都是不能逾越的红线。很多时候，步步为营不仅是一种最经济的做事方法，而且是创业者在资源受限的情况下寻找实现企业理想的途径。习惯于步步为营的创业者会形成一种审慎控制和管理的价值理念，这对创业公司的成长和创业公司向稳健成熟发展期的过渡非常重要。

（2）发挥资源的杠杆效应

成功的创业者善于利用关键资源的杠杆效应，利用他人或者其他企业的资源来完成自己创业的目的。企业可以用一种资源去弥补另一种资源以产生复合价值；或者利用一种资源撬动其他资源以完成资源的不断积累。其实，大公司也不只是一味地聚集资源，它们更善于资源互换，进行资源结构的更新和调整。这都是创业者需要学习的经验。

（3）设置合理的利益机制

创业者要尽可能多地找到利益相关者并进行分析，利益关系越强、越直接，整合利益相关者的可能性就越大。这也是资源整合的基本前提。在分析时，要着重考虑发展的利益共同点，寻找和设计出多方共赢的机制，考虑如何建立稳定的信任关系，并加以维护和管理。

最后，作为大学生创业者，还要着重考虑两个方面。一是要充分利用现有的创业资源，目前各个高校都有创业相关的课程、社团、沙龙、创业导师，想要创业的大学生可以把握机会去实践。同时，很多大学还有创业园区和一系列的支持计划，国家也有相关政策，使大学生创业者可以更便捷地获得天使投资人及创业基金的扶持。二是对有限的资源进行创造性的使用，例如，把实验室中尘封多年的“实验陈果”转化为切实的商业计划，提高资源的利用效率，促进资源的融合使用。

作为创业者，在企业成长的各个阶段都要争取用尽量少的资源来推进企业的发展，与此同时，创业者也需要以科学的方法为指引，整合、控制这些资源，发挥它们的最大价值。

知识点总结

1. 大学生创业者可以从多个渠道获取资源。资源的多寡是相对的，不妨在基本资源足够的情况下就大胆去做，在实践中不断挖掘资源、开发资源。

2. 整合资源的本质就是用有限的资源创造更大的价值。善用资源整合的两个技巧、发挥资源的杠杆效应、设置合理的利益机制都是实用的整合创业资源的方法。大学生创业者要着重利用现有资源并创新性地使用它们，以科学的方法为指引，发挥它们的最大价值。

3.2 创业融资

3.2.1 认识创业融资

如果你常看商业新闻，应该经常看到这样的标题："××× 公司完成了 B 轮 ××× 万元融资，估值 ××× 亿美元"。

融资，作为企业获得外部资金的重要手段，一直是关乎创业公司生死存亡的大事。随着世界经济的不断发展，融资渠道和融资方式也越来越多。如何正确地理解融资过程？如何找到真正适合自己的融资方式？

1. 为什么要融资

从创业者的角度来看，创业公司的资金常常处于短缺状态。大学生创业者很难通过自筹的方式获得足够的资金，年轻的创业公司又很难通过抵押从银行获得贷款。但企业发展迫在眉睫，创业者需要足够的外部资金进行产品设计和市场推广。从投资人的角度来看，投资人常以获得股权的方式对创业公司进行投资。他们希望随着创业公司的规模越来越大，他们拿到的股份价值也能越来越高。

互通的利益诉求让创业者和投资人聚集在一起。更何况，投资人拥有更丰富的市场经验、更广泛的人际关系，这些都能给创业者带来更多的附加价值，增加大学生创业成功的概率。所以，投资人和创业者之间，并不是简单的资金上的合作，双方都是在寻找一个坚定的盟友。

既然融资如此重要，大学生创业者怎样找到合适的投资人呢？

2. 融资，从估算启动资金开始

创业者如果已经有了好的点子，准备创办一家企业，那么在起步之前，一定要估计出需要多少启动资金，需要更准确的预算来制作一份可行的商业计划书

（Bussiness Plan，BP）。如果低估了资金需求，那么企业可能撑不到盈利平衡点；而过高的成本预测，可能导致创业者永远无法筹到足够的资金。

那么创业公司常见的支出有哪些呢？其实，这些支出可以分为两类。

第一类是固定资产的花费，一般是指企业购买使用年限较长、单位价值较高的生产资料，办公家具和设备、机械工具都属于此类。但有些企业只需要很少的固定资产花费，例如，很多计算机专业的大学生创办 IT 公司，往往就是从几台笔记本电脑、一间民房开始的；但有些企业却需要大量投资才能启动。建议创业者把必要的投资降到最低，让企业少承担风险。

第二类是流动资金的投入，它是指企业日常运转所需要支出的资金。这些资金通常包括以下内容。

- 人员工资：在起步阶段，需要向员工支付工资。为了留住核心员工，可能不仅需要支付他工资，还要给予他股份等形式的奖励。
- 租金：正常情况下，企业从一开始就要支付企业用地、用房的租金。当然，如果有好的项目和好的团队，那么可以申请进入创客空间或创业孵化器，那里有更多的优惠条件。
- 原材料和成品储存：制造商生产产品需要原材料，服务行业的经营也往往需要储存库存产品。库存越多，需要用于采购的流动资金就越多。
- 市场推广：新企业创办之后，需要寻找合适的渠道来推广产品。目前移动端 App 的获客单价在 10 ～ 100 元之间，这个数字也会随着市场环境和行业发展发生变化。
- 其他费用：这些费用包括但不限于差旅费、研发费、调研费等。

一般来说，创业公司应该至少准备三个月的流动资金。为了让预算更加准确，需要制订一个现金流量计划表。

在估算好需要多少启动资金之后，下面就开始正式为融资过程做准备。

3. 融资前的准备

知己知彼，百战不殆。融资准备工作也必须从内、外两大因素入手，做好内部建设，对企业现状和发展前景有清晰的认识；同时逐步了解外部的融资环境，可以通过聘请专业融资顾问寻求帮助，为成功融资创造条件。具体来讲，创业者需要完成以下三个方面的工作。

（1）加强企业自身建设

企业需要考虑初期的商业模式，构建有竞争力的团队，寻找市场用户并完善产品质量。组建一个拥有进取心、凝聚力和管理能力的核心团队是创业成功的重要保障。

（2）制定融资战略

创业团队需要考虑融资的时机、所需的资金数量和融资采取的方式等，企业还应当根据不同的发展阶段来考虑融资数量和资金投入的时机。融资方式的选择需要结合自身条件和各种融资渠道的风险、成本综合考虑。

（3）撰写商业计划书和进行相关人员储备

将市场、企业和融资计划表达成简明、有说服力的书面文档，通过加工润色生成详尽的商业计划书，这会让投资人对企业有更清楚的认识。需要注意的是，随着融资各项工作到位，内部人员专业素质缺乏也可能导致投资谈判失败，所以适时地让组织内部人员参加专业培训也是十分重要的。

此外，还需要进行相关人员储备。

- **聘请外部专家**：由于创业者缺乏融资经验和时间精力，聘请专业的融资顾问也是很好的选择。他们将对融资的各个步骤提供专业意见，并利用积累的融资渠道为企业引荐合适的投资人。

- **接触潜在投资人**：创业者和投资人之间是一种长期的合作关系，相互之间需要充分的理解和信任。创业者应在广泛调研的基础上，根据企业自身的发展模式和价值取向对投资人进行选择和接触，切忌群发商业计划书。创业者也可以参考投资人之前的成功案例和最近出手的项目来筛选具体投资人。

4. 融资的再认识

在完成融资前的准备工作之后，需要从更多角度对融资进行重新认识。

一般来说，一个企业从初创到稳定，需要经历三轮融资，第一轮融资大多来自个人的天使投资（作为公司的启动资金）。第二轮融资往往会有风险投资（Venture Capital，VC）机构进入，为产品的市场化注入资金。而最后一轮融资基本在上市前进行，来自大型风险投资或私募股权投资（Private Equity，PE）。

天使投资、风险投资、私募股权投资都是对上市前的企业的投资，三者既有共性，又有差距，只有按照创业公司所处的阶段，客观地选择投资人和融资方式，才能更有的放矢地解决企业资金需求的问题。

5. 天使投资

天使投资是指自由投资人或风险投资机构对处于构思阶段的原创项目或小型创业公司进行的一次性前期投资。它是风险投资的一种特殊形式，是对于高风险、高收益的创业公司的第一笔投资。

天使投资人可能是创业者的朋友、亲戚或商业伙伴，由于他们对创业者的能力和创意深信不疑，所以愿意在业务还未开展之前就向该企业投入大笔资金。通常，专业的天使投资人对回报的期望值并不是很高，但 10 ～ 20 倍的回报才足够吸引他们。这是因为，他们往往在一个行业同时投资多个项目，最终只有一两个项目可能获得成功。所以，只有投资这种高回报项目，天使投资人才能分担风险。

天使投资具有以下几个特点。

- 天使投资的金额一般较小，一笔典型的天使投资的金额往往在几十万元至几百万元之间。一个优秀的大学生创业项目常常会拿到 200 万元左右的天使投资，投资人占股 10% ～ 20%。

- 天使投资人不仅可以为企业带来资金，而且能为企业带来社会关系网络。他们一般都会参与企业的管理，积极参与企业的战略决策和战略设计，帮助企业招募人员、完善商业模式等。
- 天使投资人的退出，一般是等到企业的商业模式成熟后，将股份卖给 VC 或 PE；投资人也可以通过创业团队回购股份的方式实现退出。

6. 风险投资

风险投资是由企业或基金提供给新兴的、迅速发展的、有巨大竞争力的创业公司的，用来换取被投创业公司的股权的方式。之所以称为风险投资，是因为其具有高风险、高收益的特点。一般来说，风险投资都是投资于拥有高新技术的创业公司，帮助其快速完成技术成果的商品化、产品化和市场拓展。

风险投资具有如下特点。

- 投资对象是处于创业中期的中小型创业公司，而且多为高新技术公司。
- 风险投资机构一般不参与企业管理，但对企业经营团队有较高的要求。
- 风险投资金额多在 1000 万元以上，投资期限多在 3 ～ 5 年，通常占被投创业公司 30% 左右的股份，市场上也有多家机构联合投资上亿元的案例。
- 当被投创业公司增值后，风险投资机构的退出方式包括：首次公开发行股票（IPO）、并购、股权转让等。

7. 私募股权投资

私募是相对于公募而言的，公募是指针对不特定的广大人群募集资金的行为，如银行卖的基金；而私募主要针对特定的人群来募集，并且不能公开广告。

私募股权投资是指投资机构对非上市企业进行的权益性投资，推动非上市企业价值增长。私募股权投资机构的退出方式包括IPO、并购、企业资本结构重组等。

8. 首次公开发行股票

企业第一次向公众发行股票称为首次公开发行股票（IPO）也就是常说的上市。企业通过证券交易所募集资金，尽可能地将早期投资货币化、资本化，同时让企业的股份以股票的形式在交易所公开、自由地买卖。通过IPO，私人的创业公司上市，这是企业一个发展阶段的结束，更是新的开始。

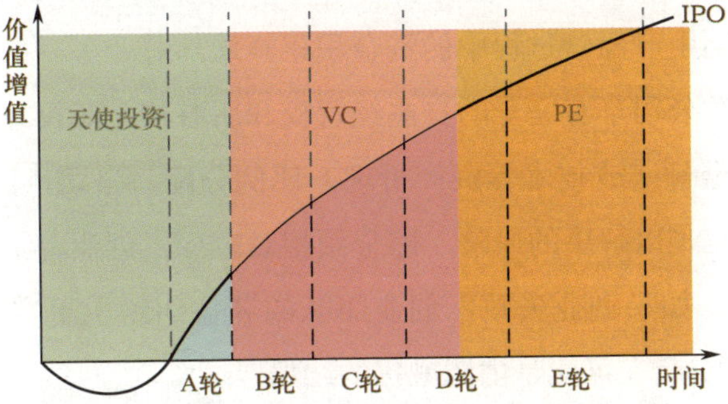

融资阶段

知识点总结

1. 融资是企业获得外部资金的重要手段。天使投资人在为企业带来资金的同时，也能为企业带来社会关系网络，进而帮助企业更好、更快地发展。

2. 融资之前，要对企业所需的启动资金进行估算，除了考虑用于生产的固定资产的花费，还需考虑人员工资、市场推广等流动资金的投入。

3. 在完成启动资金估算之后，还要加强企业自身建设、制定融资战略、撰写商业计划书和进行相关人员储备等。

4. 一般来说，一个公司从初创到稳定需要经历三轮融资，分别来自天使投资、风险投资、大型风险投资或私募股权投资，公司要根据自己的发展阶段选择融资方式，最终实现IPO。

3.2.2 融资渠道和融资流程

创业公司获得融资并不是一朝一夕的事情，每一次融资尝试都没有那么简单。在对融资产生整体认知之后，下面介绍大学生创业者可以从哪些渠道获得资金，又要遵循怎样的基本流程。

1. 融资渠道

从资金来源上看，融资可以分为内源融资和外源融资。

内源融资就是创业者利用自身信用背书，通过自筹的方式获得启动资金，或者利用企业在前期生产经营过程中的资金积累开展部分业务。采用内源融资的好处在于，创业者对公司享有完全的自主经营权和所有权，股权架构一般按照创业团队成员的出资金额（或技术等资产折现）比例分配，公司可以不受他人控制。但这种方式也存在难以解决的风险，即金额相对较少，创业者常常因害怕亏损而错过市场的机遇。如果创业失败，创业团队的利益纠纷也更容易上升为情感纠纷，“赔了夫人又折兵”可能是内源融资的结局。

外源融资就是通过天使投资人或者早期投资机构获得资金。显然天使投资人能够为创业项目带来第一笔启动资金，这极大地减轻了创业者的经济压力。但天使投资人的入局也带来了创业公司股权结构重置的问题。如何分配管理层股权、如何构建员工的期权池、如何防止股权稀释导致的管理权旁落等问题，都需要创业者审慎、精密地考量。

大学生创业者可以通过身边的朋友或者创投服务平台找到投资人或投资机构，但值得注意的是，资本市场繁荣的背后却常暗藏玄机，大学生创业者受假冒投资人欺骗缴纳中介费的事件也屡见不鲜。一个真正的投资人或投资机构，不会从创业者身上获利，而是希望通过资金投入，帮助创业公司快速发展后，从企业增值中获利。好的投资人往往具有“专注”的优秀品质，他们专注于特定的行业，也专注于特定的创业阶段。大学生创业者要善用网络资源、地方性创业孵化器和大学生创业投资平台等渠道，识别正规的资金来源。

2. 融资流程

很多大学生都认为融资就是找社会关系，其实比起找社会关系，更重要的是找对门。当创业者选定了融资渠道之后，就要根据投资人的特点，设计专属的融资流程。但总体来说，一般的融资流程包括以下六个步骤。

（1）创业者向投资人递交商业计划书

商业计划书是创业者向投资人传递项目投资价值的书面材料，创业者要将公司理念、商业模式等内容转化为一份详细的商业计划书。一份好的商业计划书既可以吸引投资人对项目注入资金，又可以帮助创业者提炼和梳理创业思路，对创业项目起到纲领性的作用。无论从哪个角度来看，创业者都需要做好商业计划书。

（2）创业者通过路演向投资人进一步演示项目

路演源自英文单词 Roadshow，指在公共场所进行演说、演示产品、推介理念，并向他人推介自己的公司和产品的一种方式。一次成功的路演会让投资人对创业者的项目印象深刻，也会让创业团队获得更高的整体评价。在路演前，创业者要做到“充分准备，全力以赴”，在形象上要穿着得体、举止妥当，在内容上要思路清晰、突出重点。一个好的路演可以从以下几个方面入手。

- 讲述一个逻辑通畅且令人信服的用户故事。
- 用实验和数据论证一个可行的商业模式。
- 从市场机会出发，陈述团队优势和解决方案。

（3）投资人尽职调查

尽职调查（Due Diligence，DD），简称尽调，是投资过程中必不可少的一个环节，投资人通过尽职调查对创业项目进行客观、全面的评价，进而更好地决策和规避风险。总体来说，尽职调查包括业务尽调、财务尽调和法律尽调三大部分，投资人会提前制订尽调清单，询问创业公司的主要资产状况、税务状况、产品业务等内容。常见的尽职调查方法包括以下三种。

- 第一种方法是采访类调查，这一部分占了尽职调查的绝大部分时间，主要包括创业团队的内部访谈、分析创业团队的特点和核心成员的综合能力。

- 第二种方法是行业调查，通过对行业公开资料的整理和研究，评估创业公司的专利价值和潜在市场价值。

- 第三种方法是创业团队非商业信息调查，通过对创业团队成员的同学、朋友、前雇主等进行访谈，进而对创业团队进行更全面的认识。

整个过程中，创业者不仅需要给予投资人必要的帮助，更需要提前进行充分的准备。

（4）签订投资意向书

在路演和尽职调查结束之后，如果创业者和投资人都对彼此很满意，那么就可能会签订投资意向书。投资意向书也称融资条款清单（Term Sheet），内容包括投资人对创业公司的投资金额和估值，以及创业公司应承担的主要义务、投资人要求得到的主要权利、投资交易达成的前提条件等。投资人和创业者未来签订的正式投资协议中将包含 Term Sheet 中的主要条款。

一般来说，在投资人递交 Term Sheet 之前，创业者和投资人已经进行了一些磋商，对其中的内容已经有了基本的共识，但这份意向书既不具有法律效力，又不代表最终的结果，双方还会对具体的内容进行谈判和交涉。

（5）谈判和议定

在拿到投资人的投资意向书后，创业者和投资人可以针对文件中的部分内容进行谈判和重新议定，谈判的主要内容包括以下三个方面。

- 双方出资额及所占股份，其中也包含对技术的定价和对员工持股的安排。
- 企业的组织架构及双方承担的职务。
- 以投票权、分红权、优先清算权、随售权为例，对投资人进行权益保护与限制。

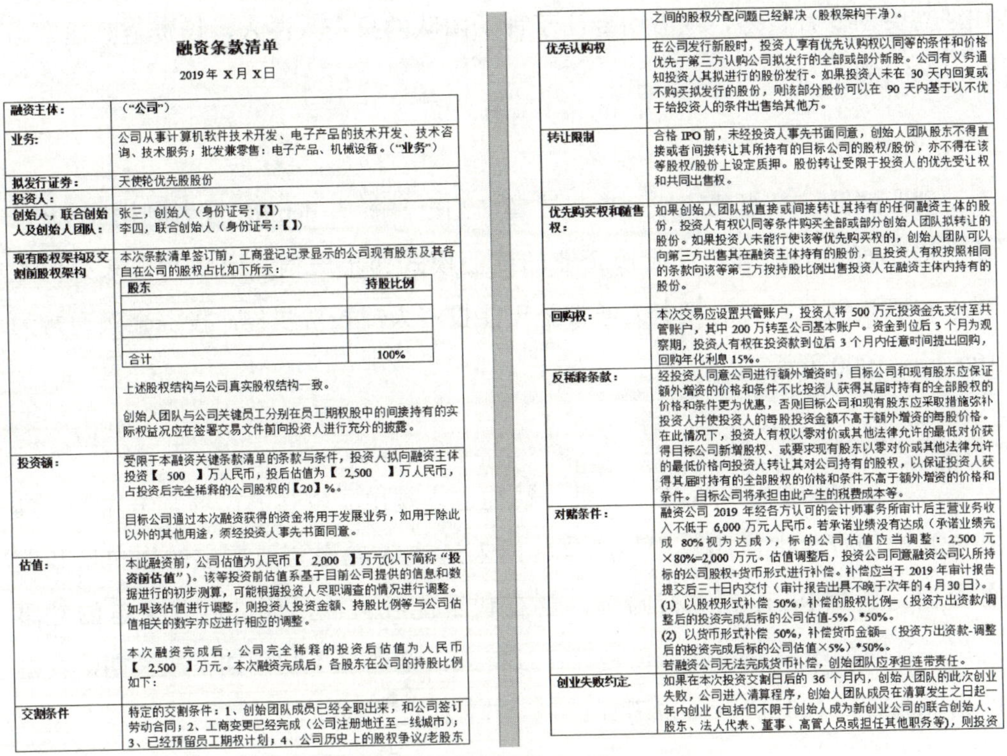

融资条款清单

2019年 X月 X日

融资主体：	（"公司"）
业务:	公司从事计算机软件技术开发、电子产品的技术开发、技术咨询、技术服务；批发兼零售：电子产品、机械设备。（"业务"）
拟发行证券：	天使轮优先股股份
投资人：	
创始人，联合创始人及创始人团队：	张三，创始人（身份证号：【】） 李四，联合创始人（身份证号：【】）
现有股权架构及交割前股权架构	本次条款清单签订前，工商登记记录显示的公司现有股东及其各自在公司的股权占比如下所示： 股东 | 持股比例 合计 | 100% 上述股权结构与公司真实股权结构一致。 创始人团队与公司关键员工分别在员工期权股中的间接持有的实际权益况应在签署交易文件前向投资人进行充分的披露。
投资额：	受限于本融资关键条款清单的条款与条件，投资人拟向融资主体投资【 500 】万人民币，投后估值为【 2,500 】万人民币，占投资后完全稀释的公司股权的【20】%。 目标公司通过本次融资获得的资金将用于发展业务，如用于除此以外的其他用途，须经投资人事先书面同意。
估值：	本此融资前，公司估值为人民币【 2,000 】万元(以下简称"**投资前估值**")。该等投资前估值系基于目前公司提供的信息和数据进行的初步测算，可能根据投资人尽职调查的情况进行调整。如果该估值进行调整，则投资人投资金额、持股比例等与公司估值相关的数字亦应进行相应的调整。 本次融资完成后，公司完全稀释的投资后估值为人民币【 2,500 】万元。本次融资完成后，各股东在公司的持股比例如下：
交割条件	特定的交割条件：1、创始团队成员已经全职出来，和公司签订劳动合同；2、工商变更已经完成（公司注册地迁至一线城市）；3、已经预留员工期权计划；4、公司历史上的股权争议/老股东之间的股权分配问题已经解决（股权架构干净）。
优先认购权	在公司发行新股时，投资人享有优先认购权以同等的条件和价格优先于第三方认购公司拟发行的全部或部分新股。公司有义务通知投资人其拟进行的股份发行。如果投资人未在 30 天内回复或不购买拟发行的股份，则该部分股份可以在 90 天内基于以不优于给投资人的条件出售给其他方。
转让限制	合格 IPO 前，未经投资人事先书面同意，创始人团队股东不得直接或者间接转让其所持有的目标公司的股权/股份，亦不得在该等股权/股份上设定质押。股份转让受限于投资人的优先受让权和共同出售权。
优先购买权和随售权：	如果创始人团队拟直接或间接转让其持有的任何融资主体的股份，投资人有权以同等条件购买全部或部分创始人团队拟转让的股份。如果投资人未能行使该等优先购买权的，创始人团队可以向第三方出售其在融资主体持有的股份，且投资人有权按照相同的条款向该等第三方按持股比例出售投资人在融资主体内持有的股份。
回购权：	本次交易应设置共管账户，投资人将 500 万元投资金先支付至共管账户，其中 200 万转至公司基本账户。资金到位后 3 个月为观察期，投资人有权在投资款到位后 3 个月内任意时间提出回购，回购年化利息 15%。
反稀释条款：	经投资人同意公司进行额外增资时，目标公司和现有股东应保证额外增资的价格和条件不比投资人获得其届时持有的全部股权的价格和条件更为优惠，否则目标公司和现有股东应采取措施弥补投资人并使投资人的每股投资金额不高于额外增资的每股价格。在此情况下，投资人有权以零对价或其他法律允许的最低对价获得目标公司新增股权、或要求现有股东以零对价或其他法律允许的最低价格向投资人转让其对公司持有的股权，以保证投资人获得其届时持有的全部股权的价格和条件不高于额外增资的价格和条件。目标公司将承担由此产生的税费成本等。
对赌条件：	融资公司 2019 年经各方认可的会计师事务所审计后主营业务收入不低于 6,000 万元人民币。若承诺业绩没有达成（承诺业绩完成 80%视为达成），标的公司估值应当调整：2,500 元×80%=2,000 万元。估值调整后，投资公司同意融资公司以所持标的公司股权+货币形式进行补偿。补偿应当于 2019 年审计报告提交后三十日内交付（审计报告出具不晚于次年的 4 月 30 日）。 (1) 以股权形式补偿 50%，补偿的股权比例=（投资方出资款/调整后的投资完成后标的公司估值-5%）*50%。 (2) 以货币形式补偿 50%，补偿货币金额=（投资方出资款-调整后的投资完成后标的公司估值×5%）*50%。 若融资公司无法完成货币补偿，创始团队应承担连带责任。
创业失败约定.	如果在本次投资交割日后的 36 个月内，创始人团队的此次创业失败，公司进入清算程序，创始人团队成员在清算发生之日起一年内创业 (包括但不限于创始人成为新创业公司的联合创始人、股东、法人代表、董事、高管人员或担任其他职务等)，则投资

真实的融资条款清单示例

（6）签署正式文件

资金到位，投资人和创业者签署正式文件，开始一种新的合作关系。

3. 从 idea 到 IPO 的完整融资流程

从 idea 到 IPO，创业公司常常需要进行多轮融资。一般来说，融资轮次可以分为种子轮、天使轮、A 轮、B 轮、C 轮、D 轮、E 轮等，但根据实际情况，有些项目也会进行 PreA 轮、A+ 轮、C+ 轮融资。

下面主要介绍企业融资轮次的大致划分。需要注意的是，这不是绝对的阶段划分，实际上还需要针对具体的项目具体分析。

（1）种子轮

这个阶段的创业者通常只有一个想法或点子，没有具体的产品。这时的资金往往需要创业者自筹，或者由专注于种子团队的投资人注入，投资金额通常为10万～100万元。

（2）天使轮

创业团队已经组建完毕，项目或者产品已经拥有demo，或者利用MVP已经完成小规模的验证。此阶段企业的商业模式初步成型，团队对未来如何盈利也有所规划。这时的投资人通常是天使投资人或投资机构，投资金额通常为100万～1000万元。

（3）PreA轮

产品在市场上已经完成了验证，往往也表现出了较强的市场竞争优势，具有良好的用户数据或用户增长趋势，但未达到A轮融资所要求的用户量和业务数据。通过PreA轮进行筛选，更有利于优胜劣汰，促进创业生态的健康发展。这时的投资人大部分仍是天使投资人，企业处于初创期—成长期，获得的投资金额为100万～1000万元。

（4）A轮

企业对人员规模进行了扩充，可以正常运营，并有完整详细的商业模式和盈利模式，在行业内有一定的地位和口碑，项目或产品基本成熟，企业也做好了大规模面向市场的准备。但此时，企业可能尚未盈利，社会知名度欠缺。此时专业的风险投资机构进入，企业处于成长期，获得的投资金额为1000万～1亿元。

（5）B轮

企业的商业模式和盈利模式已经得到了充分的验证，对未来发展也已经有了更详细的战略规划。企业在拿到A轮融资之后，积极扩大其知名度和影响力，快速积累用户，现金流也逐渐向好。此时新的风险投资机构和私募股权投资机构入局，企业处于成长期—扩张期，获得的投资金额为2亿元以上。

（6）C轮

企业已经非常成熟，随时可能上市，企业利用C轮融资扩展新业务，补全商业闭环，此时投资机构也相应地变为大型的私募股权投资机构，投资金额为 10 亿元左右。

在此之后，企业还可能经过 C+ 轮、D 轮、E 轮、PreIPO 轮等，最终实现 IPO 或被大企业并购。

本节初步介绍了融资渠道和融资流程，融资并不是一个简单的过程，企业首先要规范自身的制度建设。融资的关键是用企业的盈利前景吸引投资人，不管通过哪种渠道融资，投资人都需要了解企业的真实情况。所以，无论是否创业，都希望读者能从做好企业的角度，想想如何促成企业的发展，成就企业也是在成就自己。

知识点总结

1. 融资可分为内源融资和外源融资，两种渠道各有利弊，大学生创业者要善用网络资源、地方性创业孵化器和大学生创业投资平台，识别适合自己项目的投资人，解决资金的难题。

2. 创业者要根据投资人的特点设计专属的融资流程，一般来说，包括创业者向投资人递交商业计划书、创业者通过路演向投资人进一步演示项目、投资人尽职调查、签订投资意向书、谈判和议定、签署正式文件六个步骤，最终投资人和创业者开始一种新的合作关系。

3. 从企业大体的融资轮次上看，企业在上市前要经过种子轮、天使轮、PreA 轮、A 轮等不同轮次的融资，创业者要根据企业所处阶段选择合适的融资对象和融资方法，促进企业更好发展。

3.2.3　投资人眼中的融资

有很多大学生创业者都有过这样的经历：一路艰辛地组建了团队，研发了产品，打造了技术壁垒，写好了商业计划书，但将自己的商业计划书发到投资人的邮箱之后，却石沉大海，杳无音讯。

很多投资人每天都会收到成百上千份的商业计划书，但在投资行业进行“结构化转型”的大背景下，更少的钱正在向更少的项目之中聚集。站在投资人的角度重新审视融资，是提高融资成功率的有效方法。

1. 投资人的投资原则

2018 年 11 月，全球创业周中国站组委会联合投中信息发布了“2018 年度中国天使投资人 TOP30”，其中青山资本张野、接力基金祁玉伟、银杏谷资本陈向明、真格基金徐小平、联想之星王明耀入选，接下来，简要介绍其中几位投资人的投资原则。

徐小平：投资如看人

在徐小平看来，天使投资最深的哲学，就是坚定不移地判断人，而不是判断模式。他有自己的四个判断角度。

- 学习能力：包括过去、现在和未来的学习能力。例如，学历一定程度上代表一个人过去的学习能力。
- 工作能力：包括工作经验、技能和资源等。
- 影响能力：也称个人魅力，也就是感染他人的能力。
- 坚持能力：克服困难的能力。

另外，徐小平会从三个角度来判断团队。

- 团队吸引力：团队成员之间是否有互相仰慕的情感，是否觉得能在一起工作很棒。
- 团队互补力：团队成员之间的互补性，既包括能力的互补，又包括性格的互补。
- 团队协调力：一堆人一起做事，一定会有冲突，团队从冲突走到妥协的能力非常重要。

张野：看重创业者的四项能力

张野，青山资本创始人，中国新锐投资人代表，他认为早期投资其实很简单，除了大方向的判断，最核心的逻辑就是能够发现下一代的企业家，发现他、帮助他、陪伴他。但什么样的年轻人才是下一代的企业家呢？张野十分看重创业者的四项能力。

- 拥有伟大的愿景。伟大的愿景是企业存在的意义，也是支撑创业者走下去克服一个又一个困难的原动力。创业的艰难是常人难以想象的，只有拥有伟大的愿景，才有可能在遇到无数困难的时候坚持下去。
- 拥有很强的个人魅力。创业初期，创业公司在人力、资金等方面都很匮乏，在资源匮乏的情况下，如何能够吸引到有能力的、优秀的人一同来创业？主要靠的是个人魅力。个人魅力并不是说口才有多好、长得有多帅，而是打动别人和感染别人的能力。
- 拥有较强的突破性。“企业只能在 CEO 的认知范围内成长”，创业者要能够突破认知障碍，不断突破自己的瓶颈，建立起对产品、技术、市场、营销等的认知框架，伴随企业一同成长。
- 敏锐的商业嗅觉。抓住新技术发展的机会，分析宏观经济的发展阶段和政策导向，观察细分行业产业链条上的巨大变化，不断扩展视野，发掘潜在机会，成就创业梦想。

熊晓鸽：只琢磨 3 件事

下面还要介绍一位投资人熊晓鸽，虽然他没在榜单内，但是他是最早将西方风险投资实践技术引入中国的人。在他看来，风险投资就像漂流，一定要看对河流，看对河流之后努力往前划就行了，只要不被淹死，总能游到目的地，到得早一点，赚钱就多一点，到得晚一点，赚钱就少一点。

他在进行投资时，只琢磨三件事：一是市场，二是产品，三是管理团队。实际上，最根本的就是琢磨人。琢磨一个项目进入的时机，还要观察项目团队对资本的复杂态度。

团队和项目哪个更重要？熊晓鸽指出，选对了河流，团队就是划船的舵手，本事好一点就不翻船，能够很快到达终点；本事差一点可能会翻船，所以团队是这里面最重要的一环。

2. 投资人眼中的融资陷阱

在早期的融资中，创业者常常会陷入以下三个陷阱，为公司的运营埋下隐患。

第一个陷阱是股权分散。很多创业者都认为，几个创业者平均分配股权有助于大家齐心协力、共同奋斗。实则不然，创业公司区别于学校社团的最大特点就是高效的执行力和灵活性，这也就需要创业者处在中心位置进行决策。几个创业者分散股权，势必影响团队的决策效率，错失良机。

第二个陷阱是盲目乐观。这种乐观可能体现在创业者盲目地追求过高的估值上，对于一个还没产生收入的早期创业项目来说，其估值往往取决于发展到下一个阶段的成本，应该用科学的方法进行估算，乐观地进行猜想。盲目乐观还体现在肆意和投资人签“对赌协议[1]”上，对赌失败很可能会让创业者的股份比例减少，甚至严重到让创业者失去对公司的控制权，所以创业者在面临类似的问题时一定要认真分析，谨慎决策。

第三个陷阱是急于融资。创业团队不应该忘记初心，急于融资的结果可能是成为资本的奴隶。急于融资的创业者常常没有打磨好团队和产品就寻找投资人，还有的创业者根本没有估算自己的成本和所需资金就到处路演，更有甚者只关注更多的钱而忽视资本背后的投资人。创业者要守住创业初心，做好充分的准备，谨慎选择合适的投资人，为团队谋求更好的发展。

[1] 对赌协议（估值调整协议）是投资人与融资方在达成协议时，双方对于未来不确定情况的一种约定。如果约定的条件出现，那么投资人可以行使一种估值调整协议权利。

知识点总结

1. 站在投资人的角度思考融资，可以帮助创业者在做决策时更有侧重。综合几个投资人的投资原则，“团队”和“人”的价值都被格外地看重。

2. 融资是创业的重要环节，但绝不是最终目的。很多大学生创业者都会深陷融资陷阱，最终创业失败。总体来看，创业者应该时刻保持理性和客观，整合资源，磨炼团队，等待时机成熟再去寻找投资人。

3.3 如何融资

3.3.1 商业计划书

商业计划书是目前投资市场上最主流的一个关于商业构想和商业计划的描述性文件，一份好的商业计划书不仅能帮助创业者获得投资人的青睐，而且能帮助创业者理清项目的发展逻辑、制订企业发展规划。

蒂蒙斯创业三要素，也就是创业者、商机和资源，它们可以通过商业计划书连接在一起。商业计划书能帮助创业者重新审视团队中需要什么样的其他成员，需要什么样的资源，创业者也可以借此机会分析创业项目是否拥有构成一个优秀商机的重要品质。

既然商业计划书如此重要，创业者如何撰写它？

1. 商业计划书的基本概念

商业计划书，是企业为了达到招商、融资等发展目标，根据一定的格式和内容要求而编辑整理的一个全面介绍企业或项目发展前景，阐述产品、市场、竞争、风险、投资收益和融资要求的书面材料。商业计划书的阅读对象有政府部门、潜在合伙人、上下游合作对象及潜在投资人等。

根据不同的阅读对象，创业者往往需要准备不同类型的商业计划书。一般来说，当面向市场化的商业投资人时，主要以 PPT 或 PDF 为表现形式，突出要点、展示思路；早期的投资人在商业计划书中会重点关注团队、产品需求和盈利模式，极致的沟通效率是这类商业计划书的特点。

但如果想要获得政府支持，就需要撰写数十页的详细文档对创业思想做出完整而全面的阐释。创业者还需要对商业计划书中的关键部分进行详细的论证并辅以数据支撑。偏重可行性和战略意愿是这类商业计划书的重要特点。

此外还有少量的商业计划书会以画布或者思维导图的形式呈现，这些形式虽能较好地传达创业者的意图，但投资人可能不会打开这种类型的文件。

下面将着重介绍如何撰写给商业投资人阅读的商业计划书。

2. 商业计划书的基本内容

有些创业者常常会说："商业计划书不就是一个产品说明书，有什么难的？"实则不然，商业计划书更多的是一个创业者对商业思考的集中体现，一份打动投资人的商业计划书常常具有以下两个特性：清晰简洁和有闪光点。

为了做到清晰简洁，就需要了解商业计划书中需要涵盖的基本内容，下面给出商业计划书的基本结构，创业者可以根据项目的具体情况对其进行部分调整。

（1）项目简介

项目简介要求用最凝练的语言描述项目是干什么的。项目简介是最重要的也是最考验文字功底和战略眼光的一部分。

（2）痛点分析

用几句话阐述发现的市场上的明确问题，这是创业的动力。整体来看，痛点大致包括以下几种：供给缺乏，效率低下，成本高昂。

（3）团队介绍

在一个团队中，关系亲疏、团队经验、综合能力、股权结构都是投资人的关注重点，商业计划书中要对团队成员的学历背景、工作经历或巨大成就进行介绍，重点是让投资人相信团队具有能做成这件事情的能力。

（4）市场概况

用数据和图表论证整体的市场概况，以及这个市场的发展前景。值得注意的是，论证过程不宜长篇累牍。如果是“对口”的投资人，相比于创业者，他们对市场的情况了解得更多。

（5）解决方案

在这一部分，要给出针对痛点的解决方案，阐述解决方案的合理性，阐述产品是什么、有什么功能、是怎么解决问题的，以及为什么这种解决方案是最好的。

（6）用户画像

产品将要提供给哪些用户？一定要有一个明确的用户群划分，同时要清楚如何获得第一批用户。

（7）竞品分析

“知己知彼，百战不殆”，了解竞争对手能让创业者更清晰地认识到自己的优劣势所在。创业者可以比较竞争对手各自的优势，分析出战胜他们的策略。

（8）运营数据

对于早期项目来说，是很难有运营数据的。但对于一些拥有 MVP 的创业者来说，可以在商业计划书中直观地展示出用户数、转化率、营收等数据信息。

（9）盈利模式

投资人最看重的其实就是项目能不能赚钱。一个切实可行的盈利模式很重要。早期的创业团队如果还没有想清楚盈利模式，那么也可以描述潜在的巨大市场，至少要说明项目是有盈利潜力的。

（10）融资规划和战略思想

说清楚财务预测和融资金额是十分重要的，项目到底需要多少钱？这些钱要怎么花？股权要怎样稀释？公司中长期如何发展？这些都是创业者要思考和回答的问题。

上述十个方面是一个常规的商业计划书应具有的内容。简单来说，商业计划书要有一个清晰的叙述思路，用事实和数据填充论证框架，撰写时要做到用简短的话语表达丰富的信息。与此同时，创业者要尽力挖掘项目的闪光点，这种闪光点可能是重要客户、技术壁垒、市场空间，重点突出闪光点可以大大提高融资的成功率。

3. 写出更高水准的商业计划书

一份水准更高的商业计划书要有“用户思维”，也就是“用投资人的头脑思考”。一个投资人一天会收到数十份商业计划书，一份好的商业计划书一定兼具“可阅读性”和“可演讲性”，在保证逻辑清晰、结构充实的同时，还要拥有一定的设计感，既包括内容上的精巧设计，又包括美工风格的一致和贴切。

此外，一个专业的投资人往往具有移动化办公、效率导向、看重实质的特点。因此，商业计划书的页数不宜过多，12 ~ 18 页为佳，并且确保每一页都在叙述一件事。不同的投资人也有各自的特点，例如，有的投资人喜欢创业者将团队介绍放在商业计划书的最前面，有的投资人觉得团队可能只是众多投资亮点中的一小部分，放在后面也无妨。但有些内容还是有约定俗成的逻辑顺序的，例如，解决方案一般放在市场概况和痛点分析之后。

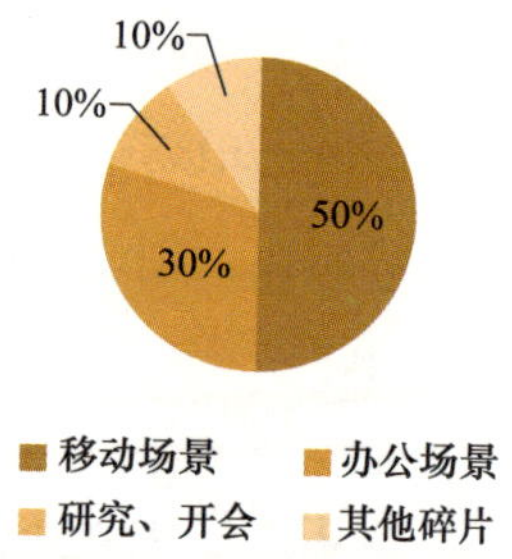

还原一个真实的投资人

（数据来源：氪空间）

4. 一些建议性的内容

（1）如何才能找到风险投资

自己找风险投资和有人引荐的效果差别主要在于，如果是有人引荐的商业计划书，投资人可能会用更多的时间阅读，但对于是否会投资这个项目，引荐人的作用就很有限。

风险投资是一个非常小的圈子，几分钟内就可以找到全世界所有风险投资机构的名单，有的微信公众号，还特别收集了国内外风险投资机构的名录。千万不要将商业计划书用群发的形式发给所有人。建议在了解投资人和投资机构各自的投资方向和领域后，对症下药。

归根到底，找风险投资就是在私募市场上兜售自己公司的股份，就像卖任何一件产品一样，要找对自己的可能买主，做精准营销。不过要做好思想准备，只有很小一个圈子里的很少一部分人会对你的项目有兴趣。

（2）是否让财务顾问帮忙写商业计划书

商业计划书是创业团队的核心任务，是 CEO 的“作战计划”。

通常，财务顾问对行业并不熟悉，也没有运营的经验，他们只能对财务方面的问题做一些解答，例如，在做财务计划时，如果创业者不太熟悉，可以找一个财务顾问咨询，但是万万不可将商业计划、财务计划，甚至融资这件事全部承包给财务顾问。

风险投资的对象是企业的创业者，如果连创业者都没有清晰的业务思路、完整的财务计划，说不清财务数字和业务发展之间的关系，那么他获得风险投资的可能性也很小。

（3）是否带律师去见投资人

律师的工作要在创业者收到 Term Sheet 以后才有必要。

很多创业者都会对投资人发来的Term Sheet 感到困惑，因为 Term Sheet 中充满了陌生的名词。尽管有些条款事实上是为了企业的正常发展，但看起来却像是不平等条约。尤其是很多投资人在出具 Term Sheet 时会下意识地列出很多对他们有利的条款，如果创业者不懂，往往以为是行业惯例就糊里糊涂地接受了。这里需要注意的是，没有什么行业惯例，要认真阅读和理解全部条款。

因此，创业者在签署 Term Sheet 之前，最好请融资顾问或者律师帮助审阅，不要迫于压力或者为了表示合作态度而急忙签署。

（4）投资人会偷走创业者的 idea 吗

有些创业者会要求投资人签署保密协议之后才发出商业计划书，这样做会过滤掉很多的风险投资，其中不乏正在寻找合适创业者的风险投资。创业者可以要求投资人签署保密协议，但风险投资这个行业，保守商业机密是基本职业道德，投资人要和成千上万的创业者打交道，会非常在意自己的名声。

创业者也需要对自己的业务进行思考和准备，对投资人的背景进行充分的调研，投资人是否投了类似的公司？我是否具有技术壁垒？我害怕抄袭吗？我是否愿意接受一个长期的合伙人？这些问题都值得创业者认真思考。

知识点总结

1. 商业计划书既是对创业项目的梳理，又是寻找投资人的敲门砖，一个好的商业计划书能为企业加分，能简洁、快速地展示创业者的项目。在面对商业投资人时，商业计划书往往以 PPT 或 PDF 作为表现形式，但撰写一份详细的 Word 版商业计划书也是很必要的。

2. 一个打动投资人的商业计划书常常要清晰、简洁，也要有闪光点。一个商业计划书一般包含项目介绍、痛点分析、团队介绍、市场概况、解决方案、用户画像、竞品分析、运营数据、盈利模式、融资计划和战略思想这十个部分。

3. 一个高水准的商业计划书要“站在投资人的角度思考”。对投资人进行深入的了解后再进行决策，可以帮助创业者提高融资成功的概率。

3.3.2 路演的技巧

商业计划书只是融资的第一步。投资人看到商业计划书之后，通常就可以对项目做出初步判断。如果感兴趣，那么就愿意和创业团队见面沟通，这种沟通也就是项目路演。创业者在路演过程中应该注意哪些细节？

1. 路演的技巧

路演，相比于文字、静态商业计划书或表格数据，更能让投资人深入了解项目具体情况。无论企业是在创业初期还是发展融资阶段，路演都是外界了解企业的最重要和最直接的一扇窗户。

路演通常分为公开路演和一对一路演，无论哪种形式的路演，都可以遵循一些技巧。

（1）黄金圆环

黄金圆环是西蒙·斯涅克提出的一个用来诠释领袖素质的模型，它认为领袖素质的根本来源是回答“为什么？”。而创业者进行路演的过程其实也是展现个人素养和领导才能的重要过程，可以沿袭“黄金圆环”来设计路演过程。

一个好的路演其实就是在回答三个问题。

• Why？你为什么会产生这样的想法？你的目的是什么？你怀揣着什么样的信念？

• How？你们团队是怎么实现这个想法的？你们与他人相比，有怎样的技术差异或独特卖点？

• What？你提供的产品或服务到底是什么？项目进展如何？你们需要投资人提供什么？

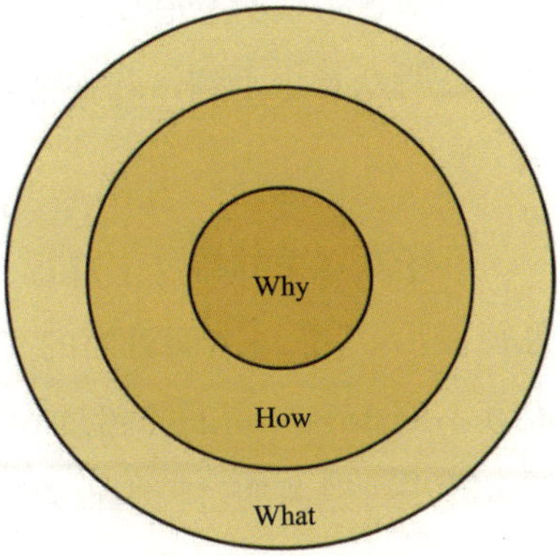

黄金圆环

（2）讲故事

用讲故事的方式，把市场需求和解决方案形象生动地讲出来，比反复论证那些所谓的事实更加具有说服力。故事会巧妙地转移听众的感情，以至于他们没有意识到自己正在接受一个隐藏的信息。

但讲好商业故事并不是一件简单的事，需要不断地练习和不断地试错。很难讲清楚如何快速成为一个讲故事高手，但应该避免以下错误。

• 只是陈述，没有渲染。最基本的讲故事的诀窍之一就是“要渲染，不要只是叙述”，跟听众交流的时候，不要平铺直叙，而是要告诉他们你做了什么，你感受到了什么，用真情实感去打动他们，然后让他们自然而然地产生共鸣。听众在与讲述者产生共鸣之后，将从中自发地体悟到某种结论，并且会主动捍卫这一结论。

• 太多的行业名词。讲故事的第二个窍门是简单，精准地把最核心的观点传达出来，不要绕弯，不要繁复，更不要用太多的行业名词包装你的故事。专业性不体现在对行业名词的过度使用上，而是体现在对市场和产业的独特见解上。

• 故事情节不可信。一切的故事都应该建立在真实的基础上，所举的例子、数字、人物都要可信，不能凭空捏造。使情节合理的方法包括预设钩子，即创造未完结感；制造关键时刻的前后对比；创造反预期等。创业者可以通过关键时刻的前后对比，使听众感受到最后观点的合理性。也可以营造情节中一点点的意外感，让听众意想不到，既在情理之中，又在意料之外。

（3）语言之外的内容

孔子在《系辞传》中曾言：“书不尽言，言不尽意”，人类学家雷·博威斯特也曾表示：“在一次面对面的交流中，语言所传递的信息量在总信息量中所占的份额不到 35%，剩下的超过 65% 的信息都是通过非语言交流方式完成的”。创业者在进行路演的过程中也要注意非语言的交流内容。

• 穿着得体。路演是展现个人魅力最直观的方式，得体的着装是对自己和投资人最基本的尊重，并直接关系到整个路演过程的气氛。不要穿得太随意，也不必穿得太正式，和投资人保持着一样的风格，两人相看不生厌是最佳状态。

• 眼神自信。作为团队的领头羊，要富有激情、坚定、执着，而这些特征最直接的表现就是眼神。作为演讲者，要学会目光聚集听众，传递自信能量。

- **表情辅助。**在路演过程中，要注意路演内容的喜怒哀乐情绪起伏，在适当的情况下应有适当的表情加以辅助。

- **注意细节。**用翻页笔代替站在计算机前翻页；不要一直看着屏幕，更不要念 PPT 中的内容；要建立和听众之间的联系。这些细节都是需要在不断尝试中逐渐锻炼的。

上述路演技巧需要反复练习、揣摩和思考。无论创业与否，演讲是每个人必备的一项技能。

2. 如何判断投资人是否对项目感兴趣

在创业阶段，被投资人拒绝是不可避免的事情，但糟糕的是，即使没有投资意向，他们也并不会直接拒绝。作为创业者，你会听到各种各样模棱两可的回答，如何判断投资人是否真的对项目感兴趣？

信天创投合伙人蒋宇捷曾表示，可以从以下五个细节判断投资人是否真的感兴趣。

（1）时间

对于感兴趣的项目，投资人希望了解得足够全面，因为只有掌握全面的信息才能够鉴别潜在的风险；同时投资人时间有限，只会花精力在感兴趣和认为值得跟进的项目上。所以投资人花多少时间和项目团队交流决定了他感兴趣的程度，一次成功的交流至少应该超过 1 个小时。

（2）深入度

投资人对于感兴趣的项目通常会了解得比较深入，而不是仅仅问一些通用的常见问题。投资人希望通过这些深入的内容判断创业者对于行业、市场、产品的理解度和对整个项目的掌控能力，对行业理解较深、形成良好方法论的创业者通常会受到更多的青睐。

(3)融资进展

感兴趣的投资人会希望了解项目团队融资的详细进展，尤其是融资开始了多长时间、有多少机构感兴趣、有多少机构给了 Term Sheet、如何选择投资机构等。

(4)价格

投资人如果开始和项目团队讨论估值和融资金额的问题，证明他对这个项目抱有投资兴趣，在估值合理及融资金额匹配的情况下，投资人会认真考虑投资的可能性。

(5)推销

如果投资人在交流的最后开始介绍和推销自己及其所在的机构，包括花大量时间提到机构的出资人背景、被投企业及其所能提供的资源，那么他一定对项目非常感兴趣，所以在尽力争取创业者的好感以提升自身的竞争力。

知识点总结

1. 路演是外界了解企业的最重要和最直接的一扇窗户，创业者可以利用“黄金圆环”“讲故事”和“语言之外的内容”等技巧提高路演的水平。

2. 投资人总是对项目保持暧昧的态度，创业者可以通过交流的时间、深入度、融资进展、价格、推销等多个方面判断其是否真的对项目感兴趣。

3.4 新企业的创办

3.4.1 新企业的创办

当创业者识别了商机、组建了团队、整合了资源之后，就会将各种各样的想法转化为实际的企业，创业者在这个过程中必须面对的是一系列重要的法律问题。

创业者法律知识的匮乏，会导致企业发展上的举步维艰，甚至会为企业埋下毁灭性的隐患。

1. 了解企业

企业是以盈利为目的而进行商品生产和交换活动的经济组织。通常创办企业的目标是盈利，以实现投资人、用户、员工、社会大众的利益最大化为使命，通过提供产品或服务满足社会需求。它是依法设立的经济组织，是在商品经济的范畴中，按照一定的组织规律，有机构成的经济实体。

创业者在创办企业时，必须解决的一个重要问题是选择什么样的法律组织形式。这个决策主要取决于创业者和公司投资人的目标，同时考虑纳税地位、承担的法律责任及在经营和融资活动中的灵活性。

依据我国现行法律，个人创办新企业的法律形式主要包括有限责任公司、个人独资企业、合伙企业、个体工商户等。它们都受我国法律保护，常见的企业相关法律法规包括：《中华人民共和国公司法》（以下简称《公司法》）、《中华人民共和国合伙企业法》（以下简称《合伙企业法》）、《中华人民共和国个人独资企业法》（以下简称《个人独资企业法》）等。

接下来，我们分别了解一下这几种企业形式的优劣和特点。

2. 有限责任公司

有限责任公司又称有限公司，是指由五十个以下的股东出资设立，每个股东以其所认缴的出资额为限对公司承担有限责任，公司法人以其全部资产对公司债务承担全部责任的经济组织。

根据《公司法》第二十三条的要求，设立有限责任公司，应当具备下列条件：

（1）股东符合法定人数；

（2）股东出资达到法定资本最低限额；

（3）股东共同制定公司章程；

（4）有公司名称，建立符合有限责任公司要求的组织机构；

（5）有公司住所。

有限责任公司的优势在于运行稳定和有限责任，它也允许股东在公司章程中，就诸多事项做出不同于《公司法》的个性化规定，例如，设置“同股不同权”机制（投票权比例、收益权比例与出资比例可以不一样），规定股权转让的特别限制等。

当然，有限责任公司也有一些劣势，它的注册手续复杂、费用高昂，最大的局限性在于《公司法》和《中华人民共和国证券法》（以下简称《证券法》）要求，在国内上市的公司必须是股份有限公司，如果创业项目是有限责任公司，其未来准备在新三板、创业板、沪深主板上市时，就必须先改制（整体变更）成股份有限公司，才能提交上市申请。

需要注意的是，有限责任公司的股东可以只有一个，《公司法》称为“一人有限责任公司”，是指公司只有一个股东的情况。

这种特殊的有限责任公司的类型，使得原先只能以个人独资企业、个体工商户或个人名义经营的个人独自创业项目，可选择“一人有限责任公司”的方式进行，其最大的优势是可以实现个人与创业项目之间财产、债权债务的分离。

3. 个人独资企业

个人独资企业是最简单的企业组织形式，是指依照《个人独资企业法》在中国境内设立的，由一个自然人投资，财产为投资人个人所有，投资人以其个人财产对企业债务承担无限责任的经营实体。

它与“一人有限责任公司”最本质的不同在于，个人独资企业不具备法人资格，而“一人有限责任公司”属于法定民事主体，具有法人资格。也就是说，个人独资企业的投资人是以其个人资产对公司承担无限连带责任，而“一人有限责任公司”的股东以认缴的出资额为限承担有限责任。

《个人独资企业法》第八条规定，设立个人独资企业应当具备以下条件：

（1）投资人为一个自然人；

（2）有合法的企业名称；

（3）有投资人申报的出资；

（4）有固定的生产经营场所和必要的生产经营条件；

（5）有必要的从业人员。

值得注意的是，个人独资企业不需要缴纳企业所得税，只需要缴纳个人所得税，而“一人有限责任公司”需要缴纳企业所得税。而且个人独资企业则只需要依法设置会计账簿进行会计核算，并不需要经会计师事务所来审计，而“一人有限责任公司”应当在每年年终时，编制财务会计报告，并由会计师事务所来审计，因此，个人独资企业拥有更轻的税负。此外，它的注册手续简单、注册资金随意，创业者有更大的决策自主，这些都是选择个人独资企业的优势。

但个人独资企业也有着很明显的劣势，无限责任代表着更高的风险，它的信贷信誉低，融资特别困难，这类企业常常缺乏企业管理，可持续性偏低。

4．合伙企业

合伙企业是指由各合伙人订立合伙协议，共同出资，共同经营，共享收益，共担风险，并对企业债务承担无限连带责任的营利性组织，这类企业受《合伙企业法》的约束和保护。

合伙企业可分为普通合伙企业和有限合伙企业。合伙企业是没有法人资格的，所以不用缴纳企业所得税，只需要缴纳个人所得税。普通合伙企业的风险需要各合伙人共同承担，各合伙人对公司的债务承担无限连带责任，也就是说，合伙人的责任范围不是以其出资额或其在合伙企业财产中的份额为限，而是以其全部的个人财产为限；而有限合伙企业则只承担有限责任。

根据《合伙企业法》第十四条的要求，设立合伙企业，应当具备下列条件：

（1）有两个以上合伙人。合伙人为自然人的，应当具有完全民事行为能力；

（2）有书面合伙协议；

（3）有合伙人认缴或者实际缴付的出资；

（4）有合伙企业的名称和生产经营场所；

（5）法律、行政法规规定的其他条件。

综观合伙企业的特点，不难发现合伙企业可以从众多的合伙人处筹集资本，一定程度突破企业资金受单个人所拥有的量的限制，并使得企业从外部获得贷款的信用增强，扩大了资金的来源，它的税款更低，注册手续也更加便捷，这些都是这种形式的优点。

但《合伙企业法》规定，每个普通合伙人对企业债务须承担无限连带责任，合伙人转让其所有权时也需要取得其他合伙人的同意，有时甚至还需要修改合伙协议。这都代表着更复杂的法律形式和更大的组织维系难度。

5. 创办企业的前期准备

（1）组织公司股东

股东就是公司的出资人，也称投资人，成立一家公司，首先就是要组织一定数量的投资人。什么人可以成为公司的股东呢？除国家禁止或限制的特别规定外，有权代表国家投资的政府部门或机构、企业法人、具有法人资格的事业单位和社会团体、自然人都可以成为公司的股东。

（2）确定公司名称

申请名称预先核准时，应提交下列文件：

- 全体股东签署的公司名称预先核准申请书；
- 股东的法人资格证明或自然人的身份证明。

公司名称中最重要的是商号，其次是企业的行业或属性，例如，哈尔滨玄智科技有限公司，其中的“玄智”是商号，用来跟其他企业进行区分，“科技”则表明了公司的行业属性。公司名称也有许多的限定，建议创业者查阅相关资料，专门了解下公司名称的规范。

（3）确定公司地址

对公司的地址，有以下要求：

- 公司的地址必须与递交申请的注册机构的级别一致，公司地址在哪里，就到该地址辖区的工商局注册；
- 公司地址所在地必须有完备的产权文件；
- 一个地址只能注册一家公司；
- 有些地方的工商局对注册有限公司的房屋档次有要求，在注册之前需要咨询清楚；
- 如果公司地址所在地的所有权不属于任何一个股东，那么须由一个股东与业主签订租赁合同。

（4）确定公司经营范围

根据《公司法》第十二条的要求，对公司的经营范围有以下要求：

- 公司的经营范围由公司的章程规定，不能超越章程注册；
- 公司的经营范围必须依法登记，也就是说，公司的经营范围以登记注册机关核准的为准，公司应当在登记机关核准的经营范围内从事经营活动；
- 公司可以修改公司章程，改变经营范围，但是应当办理变更登记；
- 公司的经营范围中属于法律、行政法规规定须经批准的项目，应依法经过批准。

（5）确定股东出资

出资方式及比例说明如下。

- 货币：创办公司必然需要一定数量的货币，用来支付创办公司时的开支和生产经营费用。所以股东可以以货币的形式出资。
- 实物：是指有形物，即看得见、摸得着的东西。实物出资一般是以机器设备、原材料、零部件、建筑物、厂房等出资。
- 工业产权：它是一个内容非常广泛的概念，一般包括发明专利、实用新型专利、外观设计专利、商标等。抽象地说，凡是可用于工业领域的，能提高企业市场竞争力并能创造利润的智力创作成果，都属于工业产权。

• 非专利技术：确切地说，应当是非专利成果，但未经法定程序授予业务独占性和明确的时间、地域限制。

（6）确定公司的治理结构

公司法的治理机构包括以下几种。

• 股东大会。股东大会是公司的最高权力机构，它由全体股东组成，对公司重大事项进行决策，有权选任和解除董事，并对公司的经营管理有广泛的决定权，股东大会的决策可以直接影响公司的发展。

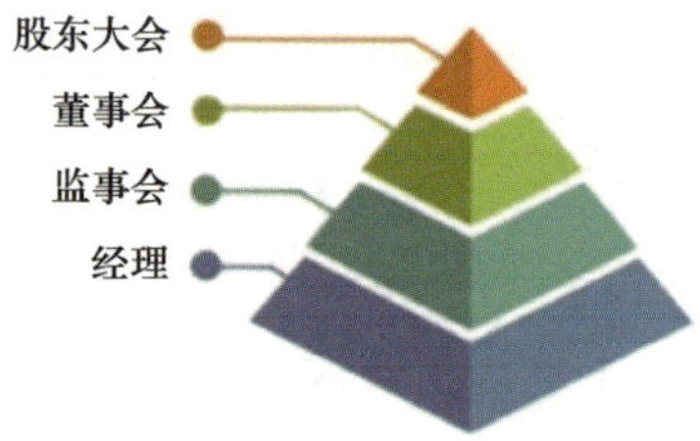

股东大会

• 董事会。董事会的成员可以为3～13人，设董事长1人，副董事长1～2人，董事长、副董事长的产生办法由公司章程决定。

• 监事会。监事会也称公司监察委员会，其成员不少于3人。监事会由股东代表和适当比例的公司职工代表组成，职工代表由公司职工民主选举产生。董事、经理及财务负责人不得兼任监事。

• 经理。经理是公司中对内有业务管理权限、对外有商业代理权限的人，总经理要对董事会负责。

（7）确定公司的法定代表人

法定代表人是依据法律或法人组织章程的规定，代表法人行使职权的负责人。法定代表人是确定的法律概念，是特定的某个自然人。

值得注意的是，法定代表人和我们常说的法人代表并不是等同的含义，法人代表是指根据法人或法定代表人授权、对外依法行使民事权利和义务的人。法人代表应理解为法人的代表，依授权而产生，实质上依照代理关系代表法人进行民事活动。法人内部的任何工作人员，以及除法人以外的其他个人或组织，都可以成为法人代表。

（8）制定公司章程

公司章程是关于公司组织和行为的基本规范。公司章程不仅是公司的自治法规，而且是国家管理公司的重要依据。所以，创业者要认真制定公司章程。它是注册一家公司最主要的文件之一，它由股东共同制定，经全体股东一致同意，由股东在公司章程上签名盖章。公司章程对公司、股东、董事、监事、经理具有约束力。

（9）递交材料注册

在编写、确定完章程之后，公司还需要经历办理登记注册、办理公章和财务章、办理企业三证、去银行开基本户、办理税务登记、申请领购发票等若干步骤，如果创业公司人员有限、时间有限，可以委托专门的代办公司去注册。

对创业者，尤其是大学生创业者来说，除了公司建设相关的法律法规，《中华人民共和国反不正当竞争法》（以下简称《反不正当竞争法》）、《中国人民共和国合同法》（以下简称《合同法》）、《中华人民共和国产品质量法》（以下简称《产品质量法》）、《中国人民共和国劳动法》（以下简称《劳动法》）等法律法规也是创业者应当了解和关注的，保护知识产权，防范财务风险，这都是十分值得重视的工作。

另外，还要注意的是伦理道德的相关问题。君子爱财、取之有道，创业者在创业过程中一定要遵守伦理道德，诚信经营。这是创业公司能够成功并持续发展的关键。

知识点总结

1. 企业是以盈利为主要目的的经济组织，创业团队常见的公司形式包括有限责任公司、个人独资企业、合伙企业等，他们各有优劣势，也各有特点，创业者要根据自身的情况和诉求谨慎选择。

2. 企业在创办之前有许多的准备工作要做，创业者要对相关的法律有所了解，用良好的规章制度保障公司的持续发展。

3.4.2 创业过程中的法律陷阱

在创业的过程中，法律是保护我们权益的最后防线，无论是预备创业、开始创业还是正值创业中的人，都有可能掉入各种法律陷阱。在上一节中，介绍了《公司法》相关的内容，但成功创办公司后，创业者还会遇到有关合同、员工、知识产权等方面的各种法律难题，本节就将这三部分进行简要的概括，使读者对其构建初步的认识。

1.《合同法》

《合同法》是关于市场交易规则的法律，主要是公司对内、对外与平等民事主体签署合同的法律依据。公司在向外扩展、发展自己的主营业务时，不可避免地要与《合同法》打交道。

在签订合同时，创业者应该注意对公司主体进行审核，避免遇到皮包公司、诈骗公司、子公司张冠李戴的情况发生。在金额比较大时，创业者也可以委托律师进行核查。此外，在合同的内容上，创业者要重视合同的付款条件和违约条款，对于“对赌协议”要格外重视，在设置违约补偿保障自己权利的同时，也要充分考虑并规避己方违约的可能。

可以看这样一个案例：有一个大学生创业团队在获得融资后，兢兢业业，刻苦工作。为了节约成本，两个创始人在创业期间不领工资，更别谈奖金。然而公司资金链断裂后，两位辛勤的创始人连带整个公司都被起诉到法庭，投资人要求他们退还投资款。公司是有限责任制的公司，经营一切合规，按理说创始人无须退还投资款，但由于在投资合同中约定，投资方投给公司和自然人两个方面，这也就意味着，作为自然人的两位创始人需要承担公司责任以外的连带责任。

创业失败本来就是巨大打击，这样的官司更是雪上加霜。这样一个创业团队陷入合同的困局，就是吃了不懂《合同法》的大亏。而如果他们在投资合同签订前能找到专业律师来帮助，就能免去了后来的麻烦。

公司经营过程中，各种大大小小的项目都免不了要签订合同，有时在商业谈判中，虽然已就各种事项都商议好，但最终结果还是要落实到书面的合同上，并经过双方签字盖章，才能生效。尤其是结构复杂、期限长的交易，更应当订立书面的合同。

有了签订合同的意识还不够，知道合同里可能处处都有“陷阱”，知道如何能不掉进“陷阱”里，对公司的经营者来说也是非常重要的。然而“术业有专攻”，公司的经营者毕竟不是专业的法律人士，审查合同条款要求具备较扎实的法律专业知识，这时候可以交给能够信任、专业过硬的律师来做。

下面列出了一些简单的、经常出现的问题。

（1）定金

双方约定某项业务时，往往以交付定金作为承诺的方式。定金看起来有口头协商的自由性，但在法律上却有很多特征：

- 给付定金的一方不履行约定的义务的，无权要求返还定金；
- 收受定金的一方不履行约定的义务的，应当双倍返还定金。

在实际案例中，很多合同会将“定金”写作“订金”，而事实上这两个词虽然音相似，但意却大不同。“订金”一般认为是预付金，收订金的一方并没有双倍返还的义务。此外还有“保证金”“诚意金”“意向金”等，都不能产生“定金”的效果。但是，如果在合同条款中明确“双倍返还”，那么就都会产生“定金”的效果，名称不是重点，重要的是实质。

（2）格式条款

格式条款是指当事人为重复使用而预先拟定、并未在订立合同时与对方协商的条款。有些公司提供的通知条款、争议解决及律师费负担条款、生效条款等可能都是格式条款，在签订合同时应格外注意，在不同的情况下，这些格式条款是不是都合适。

还有一点需要注意，因为格式条款一式多用，在不同的情况下难免有不同的理解。在一个案件中，当双方对格式条款存在争议时，有两种以上解释的，按《合同法》规定，应当作出不利于提供格式条款一方的解释。所以当格式条款为己方提供时，应格外注意是否有歧义、是否可能存在其他解释等问题，不然就会以对方的解释作为认定，可能让公司遭受很大的损失。

（3）违约救济——诉讼时效

诉讼时效是指民事权利受到侵害时，当超过法定时效期时，人民法院对权利人的权利不再进行保护。一般来说，民事诉讼时效为三年。这就提醒公司，在权益受到侵害时应迅速做出反应，采取措施，向违约方主张权利、向法院提起诉讼。否则，长时间怠于行使权利可能会导致诉权失效，公司会处在十分被动的地位。

2.《劳动法》

《劳动法》是针对劳动关系而设立的，规定了员工和雇主双方的权利与义务。在大多数国家的体系框架内，法律的制定是为了让大多数人获得公平对待，这保障了社会的平稳运行。然而，法律只是基本准则，在这之上，创业者仍然需要更多的人文关怀。虽然我们建议公司用法律避开陷阱，但是一个成功的公司，一定是有人情味的公司。很多成功的案例都证明了这一点。例如，全球知名银行花旗银行，在员工“跳槽”这个问题上，显得比大多数公司都更大度。有种说法是花旗银行鼓励好的员工跳槽去其他公司，花旗银行的想法非常积极，因为好员工去其他公司，意味着更大的商机——可能会有更好的订单、更多的合作。当然，前提是离职员工是热爱花旗银行的，不过如此大度的公司，员工怎么会不心存感激？所以，有温度的管理和人文关怀，虽在法律之下，却至关重要。

《劳动法》可以搭建起企业与员工之间的条条框框，可是这些框架总是“有棱有角”，难免有时候会出现摩擦，人文关怀能磨平这些棱角，让大家和睦相处。明确了这一点，再回到法律。这时，可能法律不再是“无情”“无趣”“无聊”的代名词，拥有它，是为了给员工之间的情感搭建一个基本的框架。劳动合同是公司与员工之间劳动关系的载体，也是双方之间权利义务的“法律”，重要性不言而喻。下面给出创业公司在劳动合同中容易出现的问题。

第一，一定要在用工之日起一个月内与劳动者签订书面劳动合同。

生活中常有这样的现象，很多雇主认为双方就工作内容、薪酬等重要事项达成了一致就不需要签订劳动合同了，很多创业公司都没有严谨的合同签订手续。一旦发生纠纷，公司会面临向劳动者每月支付双倍工资的赔偿。因此，作为可能遭受损失的“雇佣方”，要未雨绸缪，要在一个月内签订完新员工的劳动合同。这里要注意，“创业者”和“合伙人”也应该考虑签订劳动合同的问题。如果他们也是公司的劳动者，为公司提供劳动，根据法律的规定，还是需要签订劳动合同的。

第二，关于试用期的约定。

试用期是一个公司考察员工的重要阶段，虽然期限的长短由双方协商，但《劳动法》对时间还是有一定的要求。劳动合同期限三个月以上不满一年的，试用期不得超过一个月；劳动合同期限一年以上不满三年的，试用期不得超过二个月；三年以上固定期限和无固定期限的劳动合同，试用期不得超过六个月。若公司违反试用期规定，当发生纠纷时，要以劳动者月工资为标准，按已经履行的超过法定试用期的时间向劳动者支付赔偿金。而且，如果公司的试用期过长，超过了法律规定的期限，那么在法律上就已经认定这名员工是正式员工。如果这个时候想要解聘员工，难度就会比试用期大很多。

第三，保密义务与竞业限制。

《中华人民共和国劳动合同法》第二十三条规定，用人单位与劳动者可以在劳动合同中约定保守用人单位的商业秘密和与知识产权相关的保密事项。对负有保密义务的劳动者，用人单位可以在劳动合同或者保密协议中与劳动者约定竞业限制条款，并约定在解除或者终止劳动合同后，在竞业限制期限内按月给予劳动者经济补偿。劳动者违反竞业限制约定的，应当按照约定向用人单位支付违约金。

公司的发展过程中，员工来来去去、更新换代、“一言不合就辞职”都是非常正常的事情。尤其是创业公司，有很大的不确定性，公司和员工就像恋爱中的男女双方，分开时各有理由，但也绕不开几个恒定的问题。有时是公司对人才失去了吸引力，有时是在职员工不能适应公司的发展，这些情况都需要在合同期内解除劳动合同。面对这种情况，首先建议公司与员工开诚布公地谈一谈。在运用法律武器解除合同之前，应该先了解员工的想法，抛开企业和创业者所承担的社会义务，优秀员工本身就是公司的宝贵财富，如果他们辞职，对公司是极大的损失。而且，不要轻易就放弃员工。优秀员工的影响力通常都很大，他们的负面情绪和离职会像打哈欠一样传染，这样辐射开来，会成为创业公司的重大灾难。员工提出离职时，以协商为上策。

那么，当公司想要与员工解除合同时，应该如何考虑呢？先来看这样一个案例。有个管理咨询公司，这家公司的员工在患病治疗期间，公司突然提出要与其解除劳动合同，这种情况下可以顺利解除合同吗？答案是不能。职工患病期间遇到公司解约，不仅法律不容，而且在人道主义上公司也是缺乏关怀的。试想一下，当一个员工患病，身体和心灵都在承受伤害，非常需要照顾与关怀时，企业只顾自己的利益，有谁会为这样的公司付出自己的激情和热血呢？又有谁能在这样的公司里找到归属感呢？

在《劳动法》的规定中，企业要解除劳动合同，必须具备以下几种情形：

（1）用人单位与劳动者协商一致，可以解除劳动合同；

（2）劳动者有下列情形之一的，用人单位可以解除劳动合同：

- 在试用期间被证明不符合录用条件的；
- 严重违反用人单位的规章制度的；
- 严重失职，营私舞弊，给用人单位造成重大损害的；
- 劳动者同时与其他用人单位建立劳动关系，对完成本单位的工作任务造成严重影响，或者经用人单位提出，拒不改正的；

- 以欺诈、胁迫的手段或者乘人之危，使对方在违背真实意思的情况下订立或者变更劳动合同，致使劳动合同无效的；
- 被依法追究刑事责任的。

并且，《劳动法》还明确规定，下列情形是不能解除劳动合同的：

（1）患职业病或者因工负伤被确认丧失或者部分丧失劳动能力的；

（2）患病或者负伤，在规定的医疗期内的；

（3）女职工在孕期、产期、哺乳期内的；

（4）法律、行政法规规定的其他情形。

因此，公司要与劳动者解约，不但条件苛刻，而且要承担赔偿金、补偿金等高昂成本。劳资双方协商一致的解约方式更为稳妥，隐患也更少。所以，在招聘时把好关，在试用期时严格评审绩效，虽然不至于“海誓山盟”，好歹也要严肃对待，做到防患于未然，这才是创业者应该下更多功夫的地方。

3.《知识产权法》

《知识产权法》是对知识产权的归属、行使等进行管理和保护的法律规范。很多创业公司都拥有独属的创新产品，但它们对商标、专利、商业秘密等知识产权普遍不重视，以至于自己的产品被泄密，甚至被别人抢先注册，自己在不自觉中造成侵权，甚至需要支付高额赔偿，最终导致企业破产。

因此，一个企业成立之初，就应该具有知识产权的意识，对外做到以下几点：

- 建立知识产权整体保护策略和方案设计；
- 建立企业内部商号、域名、商业秘密保护制度；
- 及时进行商标专利申请、及时申请版权注册，申请著名商标、驰名商标认定；
- 及时进行知识产权海关备案、质押登记；

• 发生侵权时要及时提出异议、复审行政程序，发生纠纷时要注意知识产权保护并调查取证。

对内也应结合行政管理做到以下几点：

• 明确员工的哪些成果属于职务作品；
• 明确公司对该作品享有什么样的权利；
• 对公司的商业秘密采取保护措施，并在与员工签订的劳动合同中约定保密条款。

以上法律风险只是创业过程中可能遇到的最常见的法律风险，难免挂一漏万。市场经济是法治经济，优秀的创业者不但能够运用法律手段保护自己，还能以法律为武器获得商战的胜利；而很多失败的创业者都是因为法律风险意识淡薄而"一着不慎，满盘皆输"。

创业者可以不具备法律的专业知识，但至少要有法律意识和法律思维能力，在遇到法律问题时能够更从容地化解。创业者还是要把主要精力放在业务上，法律专业的问题让专业律师处理。如果能有专业、尽职的律师为公司在法律上保驾护航，甚至在商业上提供咨询建议，也是创业的一件幸事和乐事。

知识点总结

创业者在创业初期就要熟悉《公司法》《劳动法》《合同法》《知识产权法》等法律文件，不断培养法律意识和法律思维；创业者还需要寻找尽职的律师，为公司发展保驾护航。

参考文献

[1] 刘志阳. 创业画布——创业者需要跨越的 12 个陷阱[M]. 北京：机械工业出版社，2018.
[2] 邓非，张楠，周详. 趋势性创新[M]. 北京：机械工业出版社，2016.
[3] 迈克尔·莫里德. 成功创业的 14 堂课（第 7 版）[M]. 史林，杨巍，译. 北京：电子工业出版社，2015.

[4] 孙德林，黄林 . 创业基础教程[M]. 北京：高等教育出版社，2012.

[5] 张玉利 . 创业管理研究型案例[M]. 天津：南开大学出版社，2009.

[6] 吴彤 . 精益创业[M]. 北京：中信出版社，2012.

[7] 杨锡怀，王江 . 企业战略管理——理论与案例[M]. 北京：高等教育出版社，2012.

[8] 振轩 . 就业指导与创业教育[M]. 北京：电子工业出版社，2009.

[9] 林光，等 . 创业学[M]. 北京：清华大学出版社，2008.

[10] 胡波，冯辉，韩伟力，徐雷 . 加快新工科建设，推进工程教育改革创新——“综合性高校工程教育发展战略研讨会”综述[J]. 复旦教育论坛，2017,（15）：20-27.

[11] 兰德尔 • 斯特罗斯 . YC 创业营：硅谷顶级创业孵化器如何改变世界[M]. 苏健，译 . 杭州：浙江人民出版社，2014.

第4章

复　盘

4.1 认识复盘

“复盘”是围棋术语，也称“复局”，是指对局完成后，复演该盘棋的记录，以检查对局中招法的优劣与得失关键。一般在自学或请高手给予指导分析时使用。例如，按照棋谱排演，称为“打谱”或“研阅棋谱”。下围棋的高手都有复盘的习惯。

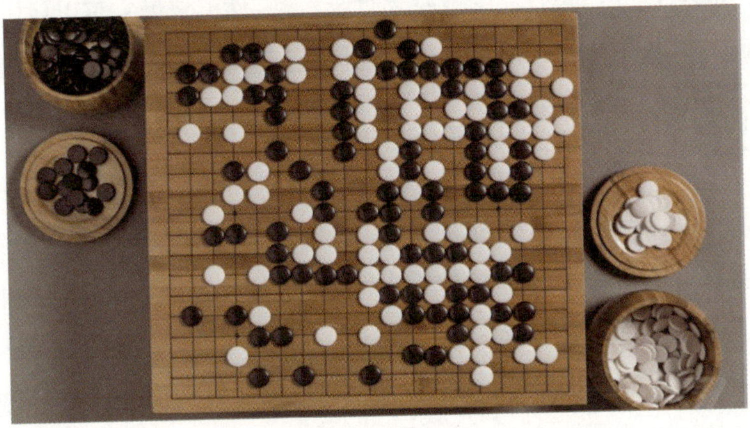

围棋中的“复盘”

双方棋手把刚才的对局再重复一遍，这样可以有效地加深对这盘对弈的印象，也可以找出双方攻守的漏洞，是提高自己水平的好方法。职业棋手平时在训练时，大多数时间并不是在和别人对弈，而是把大量的时间用在复盘上。从内容上看，复盘能把双方的心理活动比较全面客观地表现出来，即当时是如何想的，为什么走这一步，是如何设计、预想接下来的几步的。在复盘中，双方进行双向交流，对自己和对方走的每一步的成败得失进行分析，同时提出假设：如果不这样走，还可以怎样走；怎样走，才是最佳方案。

复盘由古及今、由国内到国外都在应用。在国内，联想的创始人柳传志先生在20世纪90年代把复盘引入到企业管理中。当时，柳传志从小说《曾国藩》里面了解到，曾国藩有一个习惯，就是做完一件大事以后，要点一炷香，把整个事件的过程重新梳理一遍，柳传志觉得这和围棋中的复盘很像，而且非常符合他自己的工作思考习惯。的确，柳传志在创办联想公司之前，没有企业经营管理的经验，他最主要的学习方式就是通过复盘，边干边学。他认为这样一种方法，对于各级干部的培养、能力提升都非常有帮助。因此，大概在2000年前后，柳传志就开始在联想公司内部提出复盘，并且以身作则，通过言传身教，让联想的各级干部都了解并掌握了复盘这种方法，形成了习惯，而且写入了联想的企业文化中。

学习无非是跟书本学、跟自己学，还有就是跟别人做的事情学。最多的、最深刻的还是跟自己学，跟自己学就是“复盘”。一件事情做完了以后，做成功了，或者没做成功，坐下来把当时的这件事情梳理一遍，这次的经验教训就吸收了。

复盘的英文为AAR，即After Action Review，行动后学习机制，又称行动后反思或事后回顾，是一个简单而有效的过程，供团队用来获取从过去的成功和失败中得到的经验教训，以便改进未来的表现。它为团队提供反思一个项目、活动、事件或任务的机会，以便下次可以做得更好，它是一个结合了技术和人的因素的快速报告方法或工具。对于军队来说，最好的方法就是“在战争中学习战争”，每一次的战争后的学习尤为重要，AAR可以让战士快速学习、反思、总结，并将对于战争新的理解马上响应到行动上。

在第2章中，介绍了MVP，它的理念就是快速迭代，是指不要等到把所有东西都做好了再推向市场，而是在有了一些想法或做出一个原型之后就推向市场，试探用户的反应，然后根据用户的反馈，迅速进行调整和优化，从而更好地满足用户需求，更快占领市场。“迭代”说明产品改进不是从零开始，而是建立在前一代的基础上，或多或少要继承上一代做得好的地方，改进上一代的不足之处。因此，这个过程的本质就是复盘。

好的复盘具有以下几个特点。

第一，复盘的节奏更快，周期更短。在一些传统企业中，运作速度缓慢，流程与制度、规范比较齐备，对复盘的需求不那么强烈。即使偶尔做一次复盘，也是针对某个显著未达到预期的项目或活动。对于复盘中发现的问题，改进速度也很缓慢。但是，“快速迭代”强调的是“快”，不仅体现在产品的运作流程要快，而且体现在获得反馈、分析与改善要快。

第二，复盘的应用面更广泛，人人参与。对于一些传统企业，组织层级明显，部门之间壁垒森严，参加复盘的往往是某一个层级以上的干部或骨干，层层上报，与其他部门或地区不共享，导致复盘的价值被大打折扣。而在小米等公司中，组织扁平化，人人都参与复盘，随时随地地应用复盘，这也是确保复盘改进速度快的重要条件。

第三，不局限于企业内部。好的复盘应该广泛、深入地让用户参与进来，倾听用户的心声，了解、挖掘他们的潜在需求，获得更好的想法与建议。从本质上讲，这打开了企业的大门，让用户参与，向用户学习，可以获得更多、更好的创意。

此外，将复盘与“互联网思维”结合起来，可以加速创新，提升企业的学习力。

知识点总结

1.“复盘”是围棋术语，也称“复局”，是指对局完成后，复演该盘棋的记录，以检查对局中招法的优劣与得失关键。

2. 复盘由古及今，由国内到国外都在应用。在国内，联想的创始人柳传志先生在20世纪90年代把复盘引入到企业管理中。

3. 复盘的英文为AAR，即After Action Review，行动后学习机制，又称行动后反思或事后回顾，是一个简单而有效的过程，供团队用来获取从过去的成功和失败中得到的经验教训，以便改进未来的表现。

4.2 为什么要复盘

企业要想基业长青，传承企业文化，也一定需要构建组织的自我更新机制，复盘的意义正在于此。复盘是目前知识管理实践中应用最广泛的工具之一，它也是一个结合了技术和人为因素的快速报告工具，为团队提供了反思一个项目、活动、事件或任务的机会，以便下次可以做得更好。阿里巴巴每年“双十一”结束后都要进行全面复盘，营销、技术、运营、客服等多个环节都要在其中。丰田将复盘的方法演化为一个更为系统化的精益工作方法——A3 报告，就是把问题的源头、分析、纠正和执行计划在一张 A3 纸上表达出来，并及时更新结果。

伟大领袖毛泽东曾说过：“我是靠总结经验吃饭的。以前我们人民解放军打仗，在每个战役后，总来一次总结经验，发扬优点，克服缺点，然后轻装上阵，乘胜前进，从胜利走向胜利，终于建立了中华人民共和国。”

1956 年 9 月 10 日，毛泽东在中共八大预备会议第二次全体会议上说：“我们有了经验，才能写出一些文章。我的那些文章，不经过北伐战争、土地革命战争和抗日战争，是不可能写出来的，因为没有经验。所以，那些失败，那些挫折，给了我们很大的教育；没有那些挫折，我们党是不会被教育过来的。”

1962 年 1 月，毛泽东在扩大的中央工作会议上说：“在民主革命时期，经过胜利、失败，再胜利、再失败，两次比较，我们才认识了中国这个客观世界。在抗日战争前夜和抗日战争时期，我写了一些论文，例如《中国革命战争的战略问题》《论持久战》《新民主主义论》《〈共产党人〉发刊词》，替中央起草过一些关于政策、策略的文件，都是革命经验的总结。那些论文和文件，只有在那个时候才能产生，在以前不可能，因为没有经过大风大浪，没有两次胜利和两次失败的比较，还没有充分的经验，还不能充分认识中国革命的规律。”

在总结经验教训上，刘伯承元帅有个工作习惯，每次作战结束后，都要专门召开一定规模的总结讲评会，进行战术总结和政治思想总结，而且总是将两个总结放在一起，既肯定成绩和进步，又找出缺点和不足，进而明确今后打仗应继续发扬什么、注意克服什么。这样，部队每打一仗，不仅指挥方法上有进步，思想作风等方面也能得到提高。许多当年刘伯承元帅的老部下事后回忆，这样的总结会就是最好的课堂，每次都能学到许多管用的经验和教训。实际上，总结会源于总结又高于总结，类似于复盘。

那么，复盘和工作总结有什么区别？简单归纳起来，复盘和工作总结有三个方面的区别。

第一，复盘是一种结构化的总结方法。结构化是指复盘要遵照一定的流程和步骤，是按照一定的框架对事情进行回顾和总结。而一般来说，个人写工作总结，可能依据不同的习惯、悟性，并没有固定的结构或者流程。

第二，复盘是以学习为导向的。写工作总结，通常是对工作画一个句号，提出来工作中存在哪些优势和不足。复盘本身并不是特别关注工作是好还是不好，因为它是以学习为导向的，也就是说，无论是好还是不好，这个事实已经发生了，复盘的目的，就是要从这个过程中学到经验和教训，找到未来可以改进的地方。所以，建议在复盘时，坚持一个“心法”：不批评、不表扬、忠实陈述事实、以学习为导向。

第三，在企业中，复盘通常是以团队的形式，而不是以个人的形式进行的。虽然个人也可以进行复盘，但是在很多情况下，企业的工作都是要靠多个人、多个部门协同完成，而复盘就是以团队的形式来进行工作的总结。它是一种非常重要的团队学习和组织学习的机制。通过这种深度的剖析，团队成员能够敞开心扉，彼此之间坦诚相待，激发集体智慧，然后挖掘出知识、经验，从而促进整体效率的提高和协同。

关于复盘，有以下四个常见的误解。

（1）误解1：可否对他人之事进行复盘

有些人认为，我们可以对其他人的事情进行复盘。复盘的本质就是每个人从自己亲身经历的事件中进行总结、学习。所以，它不是对他人的案例分析。虽然案例分析也是有效的，也是一种重要的学习机制，但是，因为不是当事人，不管这个案例写得多么详细，其实都很难还原事实，也无法执行整个复盘的逻辑。所以，没办法对其他人的事情进行复盘。案例研究不是复盘。

（2）误解 2：“悔不当初”是复盘吗

有些人做完事情以后，也会回想一下，例如，说：“对了，要是我当初不这么做就好了。”这是不是复盘呢？这也不是。很显然，事情已经发生了，可能未达预期，但你只是悔不当初，并没有进行深入分析，就不是在复盘。真正的复盘一定要对成功的关键要素或者失败的根本原因进行分析，从中学到经验和教训，这是复盘和后悔很大的一个区别。

（3）误解 3：复盘会不会影响“抬头看路”

有些人认为，现在变化那么快，复盘会不会影响大家“抬头看路”？只是对过去经验进行总结，会不会忽略了未来的规划？其实，复盘除了回顾过去事情的经过，还要去全面地分析，包括目标制定是不是合理、环境是否发生了变化等。如果发现环境变了，导致目标需要调整，那么也要及时去调整。所以，复盘不只是“低头拉车”，也是“抬头看路”。

（4）误解 4：复盘会不会影响创新

复盘主要是从工作中学习，有些人会担心，复盘会不会影响创新？虽然总结过去的经验，可能会形成“经验主义”，但是真正到位的复盘要挖掘到成功背后的关键因素和失败的根本原因。找到问题的根源，并且保持一个开放的心态，也是复盘必不可少的要素。事实上，一些领先的公司，像腾讯、百度、阿里巴巴等，都在积极地利用复盘推进快速迭代、快速创新。

知识点总结

1. 复盘是以学习为导向的结构化总结。

2. 复盘在学习型组织的建设中起着重要作用：个人通过复盘可以快速成长，团队通过复盘可以不断积累、协同成长。

3. 复盘是要找到问题的根源，保持开放的心态，挖掘成功背后的关键因素和失败的根本原因，进而快速迭代、快速创新。

4.3 如何复盘

复盘必须按照一定的步骤进行，既可以保证复盘的进展是有序的，又可以保证每个参与复盘的人都知道如何参与，从而可以发挥自己的作用，在复盘中得出有价值的认识。复盘可分为 8 个步骤：回顾目标、结果比对、叙述过程、自我剖析、众人设问、总结规律、案例佐证、复盘归档。这 8 个步骤是最完善的步骤。在具体复盘的时候，不需要完全按照这个顺序进行，可以根据情况灵活运用，只要有助于得出正确结论即可。

1. 第 1 步：回顾目标

复盘的第 1 步，就是回顾复盘事件的目标。目标是努力的标准，也是评判成功与否的标准，通过将结果与目标进行对比，就能知道结果与目标的差距，以及下一步该如何调整。在复盘开始时做目标回顾，就是让参与复盘的每个人都清楚接下来要讨论什么、如何评判。目标有质和量的属性，相对于质来说，目标要更加强调量。例如，新产品要占据的市场份额、全年销售的增长率、利润率等。在强调量的时候，质的属性也就包含其中了。再如，很多人都经历过高考，一个高三的学生是否能考上大学，这是一个质的标准，考入哪一所大学，这就是一个量的标准。这个目标的量的标准，同时也定义了质的标准。通常建议把目标展示出来，让每个参与复盘的人都看到，可以写在白板上，也可以投影到屏幕上。这样，在复盘的全过程中，可以随时看到目标，自然就不会偏离目标。

在回顾目标时，要确定所说的目标是做事时真正希望达成的目标。当一个目标被叙述时，要多问几个问题：这是自己想要的吗？这是用户想要的吗？这是最终的目标吗？

2. 第 2 步：结果比对

目标是希望达成的，结果是实际做到的。回顾完目标之后，就应该进行结果比对。可以通过“结果与目标比对表”将结果与目标进行比对，找到结果和目标之间的差距。结果与目标的比对有五种可能的情况。

- 结果和目标一致，完成情况达到了设定的目标。
- 结果超越目标，完成情况比设定的目标情况还要好。
- 结果不如目标，完成情况比设定的目标要差。
- 结果中出现了目标中没有的项目，是在做事的过程中新添加进来的。
- 目标中的项目，结果中却没有相应的完成情况，结果为 0。这也可以视为结果不如目标，但这种结果与目标的差距，是根本没有行动。

结果与目标比对表

类 别	目 标	结 果
新增		
消失		
结果 = 目标		
结果 > 目标		
结果 < 目标		

“新增”表示目标中没有的项目，表述为目标为 0，但是在做事的过程中，根据实际情况做出了调整，因此有了结果。“消失”表示目标中有的项目，但在做事的过程中，根据实际情况做出了调整，没有去做该项目，表述为结果为 0。“=”“>”“<”分别表示结果和目标一致，结果超越目标和结果不如目标。

案例

学校学生会、社团等组织为了办活动，会去企业谈赞助。例如，想为某次的运动会活动拉赞助，去见企业方领导，但是企业属于科技型企业，企业希望能够冠名支持学生会后续的“网络文化节”活动，而且提供了公司的产品作为活动奖品。在这里，运动会赞助就是“消失”的项目，网络文化节赞助就是“新增”的项目，公司产品的赠送就是超额完成的项目。

学生活动赞助支持结果与目标比对表

类　别	目　标	结　果
新增	0	网络文化节赞助
消失	运动会赞助	0
结果 = 目标	—	—
结果 > 目标	—	企业提供了活动奖品
结果 < 目标	—	—

通过这样一个表格，复盘参与人员就能很直接清晰地了解初始想法和最后结果之间的区别，一目了然地把握整个事情的入口和出口，知道哪些方面是意外情况，哪些方面是想要特别关注的情况，这样就能预先设定关注重点，从而在听叙述人叙述事件过程的时候能做到心里有数。除与目标进行比对外，结果还应该与行业平均完成情况进行比对，这样不但可以知道项目在行业中的位置，也可以在一定程度上验证设定的目标是否合适。如果一家公司将销售增长率目标设定为 30%，但行业平均增长率是 50%，那么即使达到了目标，也不是成功的。因为连行业平均增长率都没有达到，相对而言，企业失去了市场份额。

结果比对的目的不是为了发现差距，而是为了发现问题。重点不是关注差距有多大，而是要关注出现差距的地方。试着去提出疑问：为什么会有这样的差距？结果比对也应该像“回顾目标”那样展示出来，让复盘的人员随处可见。

3. 第 3 步：叙述过程

回顾了目标，比对了结果，接下来要做的不是去分析，而是进行“叙述过程”。叙述过程是让所有参与复盘的人员都知道事件的过程，熟悉做的事情，了解细节，拥有共同的背景知识，在自我剖析前建立共同的思考基础，同时也避免问出没有多大价值的信息类问题。

叙述过程要保证信息的客观、真实、细致、全面和完整。为了实现这一目标，推荐采用“照本宣科”的方法。照本宣科在很多人看来是贬义词，但在复盘时，只有这样，才能保证叙述过程中信息不出错或者少出错。照本宣科的关键，除了要照着本子说，还在于要是同一个“本”。这个“本”来自对做事过程的文字记录。在复盘之前，先对做事过程以文字形式进行整理，就可以形成复盘中的照本宣科。用文字和整理记录事件的过程，就是一个重现和回忆的过程，可以帮复盘参与人员对信息进行梳理，是对逻辑的训练；还可以帮复盘参与人员思考如何重现整个事件，是对思维的训练；又可以锻炼复盘参与人员驾驭文字的能力，是对文笔的训练。通过文字来记录，可以很轻易地检查出：在整理的过程中是否遗漏了什么信息，信息是否都是客观的，是否有细节没有深入到。从而做到拾遗补漏，得出一份完整全面的关于事件的“本”。在很多企业中，复盘已经成了企业文化，也已经成为员工的习惯。只要习惯每件事情都可能在事后进行复盘，就会在做事的过程中，在每个阶段完成后，及时进行文字整理，将事件的文字整理工作化整为零。

4. 第 4 步：自我剖析

自我剖析就是对自己做过的事情进行成败得失的反思和分析，并尝试找出原因，发现规律。自我剖析是一个自我成长的机会，是自己解剖自己，它让你用“今天”的眼光和能力去审视“昨天”的做法，努力从“昨天”的行为中学习对未来有用的信息。自我剖析时要客观，要能够对自己不留情面。可根据“结果比对”步骤的结果，进行进一步思考，以明确在结果中，有多少是自己的努力造就的，有多少是外在环境造成的。

在自我剖析时，可以将事情的完成过程，按照一定的逻辑进行阶段划分。这个逻辑可以是时间节点、业务流程节点，也可以是业绩节点。在划分了阶段之后，再对每个阶段的具体工作按照可控性程度进行划分，形成一个可控性度量表。

可控性度量表

	第一阶段	第二阶段	第三阶段	……
可控				
半可控				
不可控				

可控，是指事情完全可以按照自己的意愿进行，包括时间和质量。半可控，是指事情只能部分由自己掌握，可能时间不能完全由自己确定，或者质量不能完全由自己把握。不可控，是指事情的完成时间和完成质量都由人确定，自己最多可以沟通、协调、联系。但是，什么时间完成，质量怎么样，完全不由自己控制。

对于不同可控性的事情，在自我剖析时问的问题和比对标准不同。

- 可控：是否尽量做到了最好？是否能做到至少不低于计划的目标？
- 半可控：自己掌控的部分能否做好？是否为他人完成的部分留出了空间？是否为他人完成的工作提供了尽可能的帮助？
- 不可控：是否提前与他人沟通？有没有敦促他人？有没有随时了解事情的进展？是否可能部分参与支持？

经过这样的自我剖析，可以对以下两个方面有基本认识。

第一，自己没有尽力去做的事情是哪些？第二，不可控的事情或者不可控的部分中，在哪些地方进行过努力？无法着力的是哪些地方？

然后，可以针对这些认识进行探讨，进而慢慢对事件有一个贴近本质和规律的看法。得出的这些关于本质和规律的看法，就是未来能力的组成部分。

5. 第五步：众人设问

前面的所有步骤，还是停留在事情本身的圈子里打转，是当事人自己的反馈。而众人设问，可以让复盘突破事件本身的局限，突破个人见识的局限，通过众人的智力叠加，得到更全面、更可靠的认识。

设问的内容主要按照该部分提出的技术列出问题清单，找到关键成功要素和失败的根本原因，更有效地推进整个过程。设问要多探索可能性，考察每一种可能性的条件及其边界。找到关键成功要素和失败的根本原因是复盘中最重要的环节。

5why 法是一种简单实用的方法，包括以下三个步骤。

第一步，提问第一个为什么。挑选出一个问题症状作为开端，然后问小组成员第一个为什么："为什么这件事情正在发生？"这个问题可能有多个答案，把这些答案全部粘贴在白板上，在这些答案周围留有足够的空间。

第二步，依次追问"为什么"。重复墙上每个答案，依次追问"为什么"，把每个答案和"答案的答案"粘贴到它的"母问题"附近。

第三步，对问题进行整合。当所有的问题回答完毕后，对一些问题进行整合，可能追溯到十几个不同的问题，发掘两三个系统性的根源。

设问内容：

- 现在情况如何？
- 当初是怎么决定的？
- 让我们再审视下思考的前提？

如何设问：

- 问问题，而不是给解释。
- 不停地追问，5why 法。
- 疑问而不是反问。
- 用问题来引导逻辑。

案例

里克·罗斯在《第五项修炼·实践篇》中提到了一个案例。一位车间主任看到车间地板上有一摊油。他马上习惯性地抓住离他最近的一个工人，让他把油擦掉。此时，一个善于使用 5why 法的顾问提出了第一个"为什么"："为什么地板上会有一摊油？"旁边的工人回答道："噢，噶本机漏油了。""那你还不赶紧去把噶本机修好？"车间主任吼道。可那个顾问却继续追问："为什么噶本机会漏油？""因为塞子有毛病。"工人答道。"为什么塞子会有毛病？"那个顾问继续追问，提出了第三个"为什么"。"我也不清楚，反正这一批塞子都不经用，很差。”工人无奈地说。“那么，你需要搞清楚，为什么你们会买这么差的塞子。”顾问对车间主任说。通过不停地追问“为什么”，可以找到导致问题出现的深层次原因，避免就事论事：只是消除了问题的“症状”，而未从根本上解决问题。

6. 第6步：总结规律

总结规律是复盘的重要内容，可以说，上面所有的步骤，都是为了得出一般性的规律，形成符合真相的认识。正确的规律和认识，可以指导创业者今后的学习和工作，提高创业成功的可能性。但是，规律和认识并不能容易地被总结出来，别太快做出结论。过于轻易或者过于迅速总结出来的规律，很可能是错的，不符合事物真正的本质要求。之所以在总结规律时容易出现问题，是因为没有仔细区分事物之间的关系，将相关关系当成了因果关系。相关关系并不具有解释作用，只有因果关系才能够说明前后事物之间的逻辑。符合因果关系的规律，才具有解释和指导的作用，也才具有普遍一致性和稳定性。为了防止总结出来的规律是建立在相关关系而非因果关系上的，一个可行的办法就是问问题，找寻问题背后的问题，找出逻辑背后的逻辑，也就是找到根源性的问题和原因。

复盘得出的结论是否可靠，一般来说，可以通过三个原则来评判。

第一，结论落脚点是否发生在偶然事件上？当复盘的结论落脚在偶然因素上时，一定是错误的。复盘没有进入逻辑层面，没经过逻辑验证，结果一定不可信。

第二，复盘结论是指向人还是指向事？结论若是指向人，则说明复盘没有到位。复盘是要总结客观规律的，人是变量。若指向事，则总结出规律的可能性更高。复盘的结论是从事物的本质去理解分析的，这是验证复盘结论是否可靠的标准之一。

第三，是否是经过交叉验证得出的结论？“孤证不能定案”是法律上的术语，复盘得出的结论若通过其他事情交叉验证，则也可以为结论的有效性提供一定的保障。

7. 第 7 步：案例佐证

除了从因果关系上验证规律，还应该通过其他案例进行佐证。用因果关系验证规律是从规律自身的逻辑出发，案例佐证则是从规律的适用性出发。规律既然被称为规律，就要求它具有普遍性，不能仅仅在一件事情上得到有效性验证，还应该在其他事情上经受住有效性验证。案例佐证面临着案例选择的问题，案例应该是同行业、同类型的，不能选取与复盘事件无关的案例。例如，如果复盘的是公司不畅销的产品，那么可以用复盘得出的结论，去验证公司同品类的畅销产品，看看是否有可比性。又如，若咨询公司投标失败，则可以用复盘的结论去验证公司投标成功的案例。当然，案例也可以是同行业内其他公司的案例，例如，用自己公司复盘的结论去验证其他公司的同类事件。

8. 第 8 步：复盘归档

案例佐证后的结论，应该具有较高的可信度，这时，它们就是得到认可和值得传播的观念和规律。下一步，就有必要对复盘进行归档。归档就是对复盘的过程和结论建立档案，形成有据可查的资料。它将复盘中得出的认识，以文本的形式固化下来，而不是滞留在复盘参与人员的头脑中。

归档将复盘得到的认识知识化，更方便传播和查阅。归档是知识管理的重要手段，它有助于保留复盘的智慧。归档还可以保留最真实、最准确的信息。所谓“好记性不如烂笔头”，如果没有归档，事后再回想，很可能不同的人会有不同的说法，记住的重点不一样，自己的理解不一样，甚至会出现相互矛盾的情况。这个时候，归档文件提供了最真实、最准确的记录，保证每个人从复盘中得到的是同一信息。归档让没有参与复盘的人也能够掌握复盘得出的观念和规律，在他们今后的工作中进行学习和参考，少走弯路。

为了让归档的文件更好地发挥作用，在归档的目录上，应该包括复盘时间、事件、参与人员、得出的规律等基本信息。进一步地，还可以有一个参照领域的项目，说明对于什么事件，此文档提供的认识具有参考作用。归档文档就是一个指南针，当人们不知道如何行动（想从其他事件中得到参考）时，可以参考各种归档文档。

知识点总结

复盘的操作流程，包括8个步骤，分别是回顾目标、结果比对、叙述过程、自我剖析、众人设问、总结规律、案例佐证、复盘归档。这8个步骤是最全面的步骤。在具体复盘的时候，不需要完全按照这个步骤进行，可以根据情况灵活运用，只要有助于得出正确结论即可。

4.4 复盘应用

4.4.1 个人复盘

孔子将人区分为四类：生而知之、学而知之、困而知之、困而不知。他认为自己并非“生而知之”者，而是“学而知之”者。虽然我们不能排除成功人士或者伟人生来就具有某些基因或特质的可能性，但不容置疑的是，他们都经历了大量艰苦的磨炼，加上很强的学习力，使得他们可以不断提升和自我超越。而对于这种学习力，最多、最主要的形式就是复盘。

案例

在柳传志先生早期创业时，在他的小办公室里，一上午接连有四五个人找他说事情，经常是前面一个人还没把话讲完，就被后面的人打断了，看上去很忙。

可他晚上把这个事件重新想了一遍，认为自己这样的工作方法事倍功半，需要改进。同时，他还发现，大家和他讲的那些事与赚钱的事情毫无关系。最后，他得出结论：不能让同事拽着走，自己首先要想明白到底要干什么，然后把事情分出轻重缓急。这个想的过程就是复盘，复盘是个人快速学习、提升能力的一种有效方法。

同时，柳传志先生从这次复盘中也产生了设立一个进行战略策划、推进和监督的机构的想法，为此，他设立了“企划办”，对于公司的规范化运作与管理起到了积极的作用。柳传志先生一直保持的复盘的习惯，他在接受记者采访时表示，他平常习惯每隔 1 个月左右，静下心来，用 5 天左右的时间，把近期做的事情梳理一遍，写写东西。

复盘作为一种个人学习和成长的方法，可以随时随地进行。虽然这种个人复盘的方式与以团队复盘的方式有较大差异，但不失为一种值得推荐和倡导的方法。依据事件本身的大小、重要性与复杂程度，个人复盘操作起来差异也很大：对于一些重要而复杂的大事、难题，可能花较长时间来梳理，甚至需要按照复盘的结构一步步进行，同时总结为书面材料；而对于一些相对简单的事件，可能只需要默默地在心里把整个过程回顾一遍就可以了。

案例

学生经常在考完试以后，觉得要是之前再努力些就好了，是这次不够认真，下次认真点就行了。但是没有改进的行动，这就不是做了个人复盘。

那么，对这次考试的个人复盘，应该如何做？首先要问自己一些问题：

- 这个学期的学习过程是怎样的？
- 每个阶段的学习状态如何？
- 老师布置的项目 / 作业是否都认真完成？
- 这次考前复习准备充分了吗？
- 这次的情况下次还会出现吗？
- 我能做些什么弥补这次的不足？

问自己一些问题

搞清楚这些问题，接下来就是具体落实的行动了。

个人复盘的流程也可以参照复盘的 8 个步骤来完成，但要根据实际情况进行简化，有以下几点建议。

第一，把握重点。我们每天会遇到许多事情，大多数都比较正常，按照惯例、规定或经验处理即可。但有些事情则需要当机立断，因此，不是所有事情都要专门花时间、按标准流程去复盘的。对于一些重要的问题、例外的情况，或者按照规范、惯例处置不太奏效的事件，要特别留意，认真复盘。

第二，先僵化、后优化。如果你还没有养成复盘的习惯，不妨先参照复盘的 8 个步骤，按部就班地进行，直到对复盘的逻辑和问题非常熟悉，再根据自己的实际情况，有选择地取舍。

第三，记录要点、定期回顾、提醒自己。如果对复盘不做记录，可能因为事务繁忙或时间久远导致记忆被冲淡，从而影响复盘的效果。但是如果只是记录下来，而不做定期回顾，那么复盘的效果也有限。所以，不仅应该把复盘记录下来，而且要定期回顾、梳理，把相同或者相关联的事件联系起来看，发现共性的问题及深层次的问题，以便自己获得更快的成长。

第四，习惯成自然。虽然偶尔进行个人复盘也是有益处的，但“吾日三省吾身”，如果能够持续地进行个人复盘，形成习惯，无疑会学习更多、成长更快。在日常工作中，利用业余时间，对当天或近期的工作、学习进行快速复盘，甚至不用专门写出来，也有助于形成习惯，逐渐成为下意识的自然动作，对于个人能力的提升会有很大帮助。

知识点总结

1. 吾日三省吾身，个人复盘可以随时随地进行。

2. 好记性不如烂笔头，个人复盘也要做好记录。

3. 习惯成自然，个人复盘要注意养成习惯，培养总结反思的能力。

4.4.2 团队复盘

团队复盘实践的经验，可以总结为三句话：小事及时复盘；大事阶段性复盘；事后全面复盘。

第一，小事及时复盘。是指对于日常工作中的活动、具体事件，做完之后要尽快进行复盘，力求发现可改进之处。

第二，大事阶段性复盘。是指对于一些大的事件或长期项目，在进展过程中，定期进行复盘。一方面，对照总体目标，检查当前进展是否在正轨上，是否出现了偏差或潜在风险，是否需要对策略及目标进行一些调整；另一方面，也要及时总结，通过全员参与、群策群力，发现此类事件或项目的规律，从而增强组织未来应对类似事件或项目的能力。

第三，事后全面复盘。是指系统地进行战略层面的复盘，考虑因素更加全面、总体，而且是长期的，具有根本性。

上述三类复盘均是以团队为单位进行的。从实际操作角度上看，团队层面的复盘表现为团队复盘会议的形式。团队复盘简单易行，是指在工作、生活中，每做完一件事或活动，就迅速地把相关人员召集在一起，进行快速回顾、总结。每组织完一次会议、一场培训、一次市场活动，都可以以团队为单位进行复盘。这样不仅提高了团队的能力，而且能够积累经验（模板、流程、规范等），有利于整个组织能力的提高。

此类复盘的操作流程比较简单。时间短，无须太多准备。只要按照复盘的“底层逻辑”，依次讨论四个问题，分别是：预期目标是什么（G）？实际发生了什么（E）？差异原因是什么（R）？学到了什么（G）？

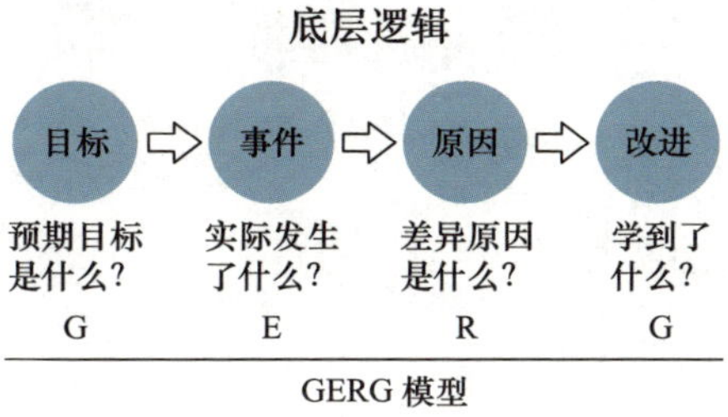

底层逻辑

一般来说，此类复盘由团队内部执行，最好能全员参与。也就是说，所有参与该事件或活动的人最好都能参加复盘，不论其年龄、资历、知识水平及职责分工。事实上，此类复盘涉及的时间较短、任务目标或范围明确，参与的人数也不是很多，因此不难做到全员参与。

案例

学生承办了品牌活动后，进行了复盘，复盘后将部分文件归档。对于学生来说，经常举办活动，总会有一些不尽如人意的地方。经过复盘可以总结一些经验。例如，嘉宾上台后，PPT 切换不及时，可采取无线键盘控制的方式，要有工作人员在台下用无线键盘操作背景 PPT 的关闭，或者打开嘉宾演讲 PPT，使嘉宾直接进入演讲状态。结束后的音频、视频、新闻、照片等资料，要专门安排人员整理，并通过上传到网盘等方式留存，把好的做法固化下来。

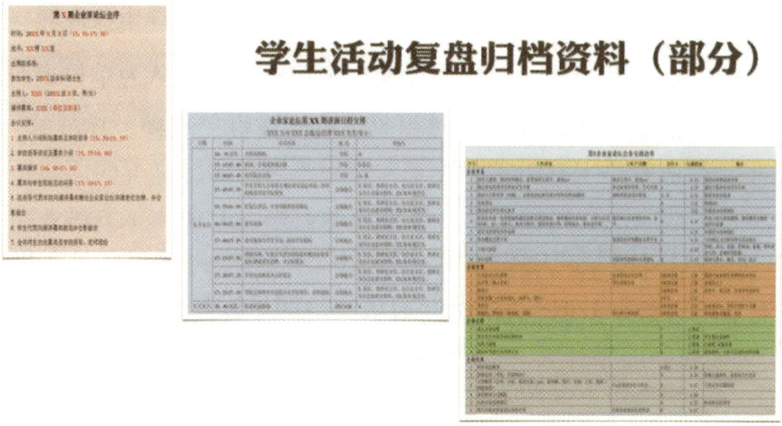

学生活动复盘归档资料

在养成复盘的习惯之后，团队可以就许多事件快速地进行复盘。通常在以下四种情况下，值得进行团队复盘。

（1）新的事件

如果团队是第一次做某件事，那么在做完之后，无论是成功还是失败，都要迅速地对其过程进行复盘，从中摸索经验和教训，找到下次做类似事件时可以改进的地方。

（2）重要的事件

对于重要的事件，无论是所需资源多、需要协调的部门多，还是事件的结果影响大，都需要企业格外慎重。为此，需要事后复盘，及时总结。

（3）有价值的事件

对于新组建的团队，或者团队经过较多的人员调整后，可以通过复盘，让团队成员快速了解一些常见问题的处理方法，促进团队成员之间的相互了解，以便更好地协同配合。

（4）未达预期的事件

如果某个事件的结果未达预期，或者出现了一些偏差或缺陷，说明团队对这类事件的规律的掌握程度还不够，应对能力还存在一定欠缺，这正是需要提升的地方。为此，要及时进行复盘。同时，通过复盘，还可以迅速制订改进或补救行动的计划。

知识点总结

1. 复盘的“底层逻辑”需要关注四个问题：预期目标是什么？实际发生了什么？差异原因是什么？学到了什么？

2. 团队复盘实践的经验，可以总结为三句话：小事及时复盘；大事阶段性复盘；事后全面复盘。

3. 团队在这四种情况下建议进行复盘：新的事件；重要的事件；有价值的事件；未达预期的事件。

4.4.3　项目复盘

复盘除了可以用在个人 / 团队提升方面，还可以用在项目上。对于大学生来说，在上学期间就会做项目实践、参加科创竞赛。学会对项目进行复盘，可以实现复盘 1 个项目，达到做 10 个项目的效果。

案例

哈工大计算机学院软件工程专业 2014 级本科生花了半年多的时间，完成了一个软硬件结合的项目，最终获得了第九届全国大学生软件创新大赛的唯一特等奖。这个设备的使用群体是盲人，项目团队希望它能够成为盲人的生活伴侣。这个项目团队在比赛结束的两周后，进行了项目复盘。

他们的项目的成功之处在于，结合团队成员特点做了分工，同时进行了相对严格的项目跟进。但不足的地方是整体项目进度有所拖延。

他们用鱼骨图分析了项目拖延的原因。

（1）由于资源支持拖延，导致项目拖延了 2 ～ 3 天，主要原因是团队成员没有提前想好所需要的资源。

（2）项目在具体开发的过程中，团队成员没有对盲人群体的需求做细致调研，导致在项目在最早期的时候，只是想做一个帮助盲人读书的头戴式设备，但其实盲人最需要的不是这个，盲人读书有专门的盲人月刊，他们需要的其实是看到场景中的文字，如公交车站牌等。这些问题都是由于早期没有与盲人接触，没有认识到他们的实际需求导致的。

（3）功能设计过多也是一个问题。团队成员想让产品涵盖盲人生活中的方方面面，而实际上导致精力分散，业务不集中。

（4）任务管理问题。由于任务目标不明确，导致需求中途变更了好多次，导致每个团队成员被分配到的任务零零散散。

（5）其他一些问题。例如，在任务分配时，没有考虑任务之间的耦合性。在文字识别处，A 同学负责研究行列切分，B 同学负责识别切分后的文字。在 A 同学给的数据集出来之前，B 同学的模型无法训练，导致 B 同学经常在等待，时间就浪费了。

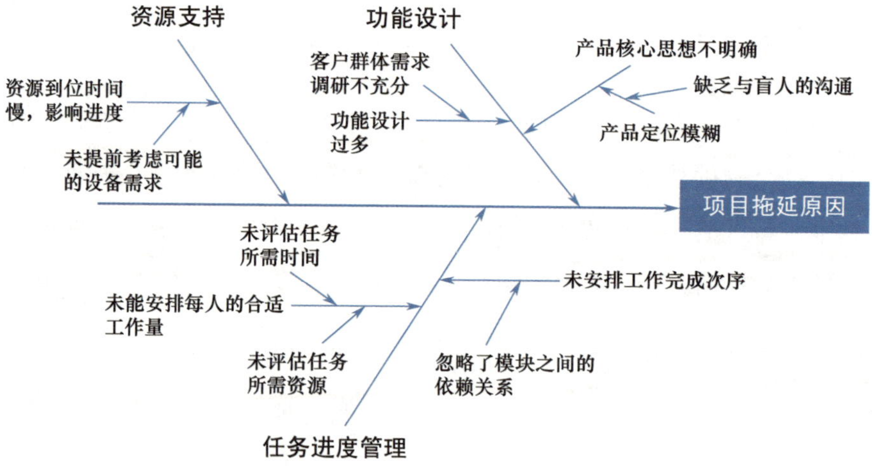

用鱼骨图分析项目拖延的原因

方法：鱼骨图

导致任何问题的原因可能都有很多，直接或间接的，主要或次要的，如果没有一种方法对这些原因进行梳理，那么就可能陷入混乱，“眉毛胡子一把抓”。为此，鱼骨图是一种简单有效的可视化方法。鱼骨图（也称“鱼刺图”或“石川图”）是一种非定量分析工具，它可以帮助我们对问题的原因进行归类、逻辑化、条理化。一般而言，使用鱼骨图的基本程序包括：

- 定义主要问题（“鱼头”）；
- 采用头脑风暴或者团队列名法，依次确定主要的影响因素类别或框架（“骨架”）；
- 采用头脑风暴法或团体列名法，依次对各主要原因进行细化（“鱼刺”）；
- 修改和优化。

如何做好项目复盘？做好项目复盘有 12 条秘诀。

项目复盘的12条秘诀

① 召集会议	⑤ 重温项目的计划或过程	⑨ 找出困难和改进建议
② 邀请合适的人	⑥ 询问：什么做得很成功	⑩ 确保没有遗漏
③ 任命联络人	⑦ 分析成功原因	⑪ 询问：接下来做什么
④ 重温项目的目标和结果	⑧ 询问：哪些可以做得更好	⑫ 整理并分发会议记录

项目复盘的 12 条秘诀

（1）召集会议

召开面对面的会议，而不是视频会议或者电话会议，这样，项目复盘的效果才能得到保证。召集会议的时间理想状态是项目结束后两周内。同样，项目复盘的地点要尽可能靠近项目进行的地方，这样可以在项目复盘会议上，唤起项目相关人员的记忆，有助于提升项目复盘的效果。会议上的发言时间，建议每人至少 20 分钟。

（2）邀请合适的人

邀请一个用户参加，这样可以将讨论出来的结论马上传递给用户。同时，项目负责人一定要参加，项目主要成员也要参加。在校学生的项目复盘参加人员，除了本项目组的成员，建议邀请指导老师参加，可以指导项目复盘的进行。

（3）任命联络人

指定一个独立的联络人，这个人是和项目干系不大的第三方人员，不能是领导（在校学生的项目复盘，联络人不建议为项目指导老师），也不必是业务专家，只要能引导大家讨论即可。

（4）重温项目的目标和结果

项目复盘从明确最初的目标开始，询问“我们预期的目标是什么？”“我们取得的真正结果是什么？”“我们是否达成了预期目标？”

（5）重温项目的计划或过程

项目复盘需要重新审查项目计划，将它与实际情况进行比对，找出差距。会议成员可以一起画出项目的流程、关键任务，这样可以知道项目中哪些计划有延迟，哪些计划已经完成。

（6）询问：什么做得很成功

项目复盘要从好的地方开始，否则一上来就自我反省、开批斗会，容易形成紧张气氛，不利于复盘流程的推进。联络人可以询问“在目标达成过程中，我们取得成功的有哪几步？项目中做得最成功的是什么地方？”多问“为什么”，会很快找到问题的根源。

（7）分析成功原因

可以采用团队共创的方法，畅所欲言，自由探讨，不打击、不压抑所有声音，将冲突引导为建设性的对话，逐步达成共识，并将结论转化为对未来工作的建议。

（8）询问：哪些可以做得更好

没有完美的项目。所以，项目复盘要询问“哪些可以做得更好？”“还有哪些缺憾和遗憾？”同时，要巧用5why法，多问“为什么”，探寻项目未能做到最好的原因。

（9）找出困难和改进建议

项目复盘，应该着眼未来，不要纠缠于过去错误。可以从以下几个问题找出困难和改进建议。“在当时的条件下，我们能做得更好吗？”“在现有的条件下，我们怎么把项目做得不一样，怎么保证我们的成功？”“如果有同样的机会做这样的项目，我们会在哪些方面采取不同的方法？”

（10）确保没有遗漏

在项目复盘会议结束时，不能让离场的人觉得还有事情没有说清楚。所以，可以用打分和评价的方式，来确认是否有遗漏的事项。可以询问“你对这个项目的满意程度如何？如果10分为满分，你会打多少分？”如果有人评分不满10分，可以询问“你觉得怎么样才能打10分？”用这种方法，能知道参会人员没有表达出来的信息。

（11）询问：接下来做什么

“接下做什么”也就是把项目复盘的经验用在新项目中。

（12）整理并分发会议记录

用结构清晰、简明扼要的方式记录项目复盘会议，在会议结束后，将会议记录分发给所有人，让所有人从项目经验中受益。

从表面上看，要进行一次项目复盘，需要各方人员高度参与，但其实个人和团队也可以从这些“秘诀”中总结方法，进行复盘。

知识点总结

1. 认真复盘 1 个项目，其经验收获胜过 10 个项目。

2. 项目复盘，通常建议在线下面对面进行，参加人员要有开放的心态，每个人能畅所欲言，找出改进建议，确保没有遗漏。

3. 项目复盘的 12 条秘诀，也可以拓展到个人复盘、团队复盘的应用中。

4.5 超越复盘

了解了复盘，可以发现，要真正做好一件事情，除了做事过程的具体执行，还应该有执行之后的复盘这一动作。如果将视野再放宽一些，在执行之前做一个沙盘推演，那么就得到了一个做事之前、之中、之后全新的行动和思考框架。“沙盘推演—执行—复盘”，这就是每个人应该掌握的行动和思考框架。

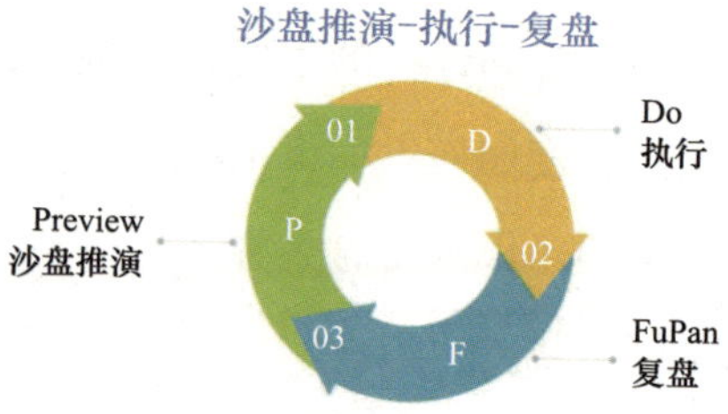

PDF 环

这个流程称为 PDF 环：P 代表 Preview，是指沙盘推演；D 代表 Do，是指执行；F 代表 FuPan，是指复盘。它相当于让人三次做同一件事情。沙盘推演得到预案，执行得到经历，复盘得到规律和观念。通过这样的方法，可以对一件事情揉开了、掰碎了进行分析，经过充分咀嚼后，获得尽可能多的经验、真相和规律。整件事情无论从细节还是大局及发展变化等，在做事的人眼中都纤毫毕现，甚至完全按照做事的人的设想进行。

沙盘推演本是一个军事术语，是指通过在沙盘上模拟红、蓝两军在战场上的对抗与较量，明晰各自的优势与劣势，发现双方在战略战术上存在的问题，寻找应对各种可能情况的思路与出路，最终找到胜利的方法和途径，进而提高指挥官的作战指挥能力。超越军事上两军对垒的概念，沙盘推演是指在事情开始之前，先进行推演，以便预估事情可能如何发展，掌握计划如何推进，可能的阻力是什么，资源的准备是否足够，应该做哪些方面的准备，达成目标的关键节点是什么等。

沙盘推演使得我们做事情时减少陌生感、增加熟悉感，头脑中始终有全局感，从而做到心中有数。

复盘是与沙盘推演相反的另外一个方向。完成沙盘推演及具体执行，这件事已经做了两遍，这个时候，再回顾整件事情，回顾执行过程，分析执行过程与沙盘推演的差别。通过询问，发现问题，找出原因，得到答案。

很多人以前过于关注做事的具体过程，但是真正将一件事情做完，还需要复盘这个动作。一件事情只有经过复盘之后，才算完成。并在下一个事件中进行同样的“沙盘推演—执行—复盘”动作。这样的工作流程与方法，会使团队能力越来越高，沙盘推演的水平越来越高，甚至到最后，执行的步骤可以与沙盘推演中预想的步骤一致。

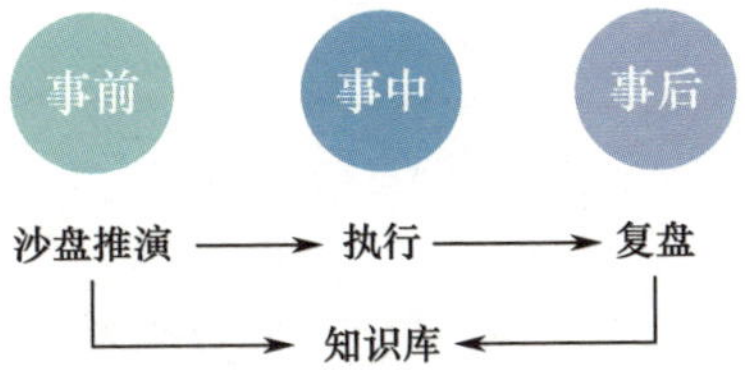

真正做完一件事的流程

知识点总结

1. PDF环为“沙盘推演—执行—复盘”流程：P代表Preview，是指沙盘推演；D代表Do，是指执行；F代表FuPan，是指复盘。

2. 沙盘推演是在做事情之前，在思维上先模拟做一遍，使得头脑中始终有沙盘推演的全局感，进而做到心中有数。

3. 复盘是以学习为导向的结构化提升方法，希望更多读者了解复盘、应用复盘。

参考文献

[1] 邱昭良 . 复盘 + ：把经验转化为能力（第 3 版）[M]. 北京：机械工业出版社，2018.

[2] 陈中 . 复盘：对过去的事情做思维演练[M]. 北京：机械工业出版社，2013.

[3] 尼尔·布朗，斯图尔特·基利 . 学会提问（原书第 10 版）[M]. 吴礼敬，译 . 北京：机械工业出版社，2012.

[4] 邱昭良 . 如何系统思考[M]. 北京：机械工业出版社，2018.

[5] 圣吉 . 第五项修炼：学习型组织的艺术与实践[M]. 张成林，译 . 北京：中信出版社，2018.

后　记

无论是“创业 3+3”课程还是本教材，都希望传递这样的理念：“创业”不仅局限于创办企业，更重要的是每个人都在开创自己的事业。无论是创业还是就业，都要先深度了解自己，发挥自己的优势；进一步把握“商机”、整合资源，融入国家和民族的时代浪潮中，与强国同梦，与梦想同行，在逐梦中实现自我价值、成就人生理想。

大学生有理想、有激情，是朝阳、是希望，更是国家持续发展的动力之源。当代大学生应该能够用“创业”的思维寻求个人发展和国家民族发展的高度统一，像企业家那样去思考、谋划，像大国工匠那样去实践、坚守，以实现中华民族伟大复兴为己任，不辜负这个伟大的新时代。

本书所讲的“创业”，不是期待学生学完了“创业”就去“开公司”。在高校中创办企业的学生毕竟是少之又少的个例，更多的学生应通过学习创业的基本知识、技能，掌握企业运营的基本流程，埋下“创业”的种子，具备创业者的精神和意识。

滤掉所有的知识、技能，本书希望留给每个学生人生思考和价值拷问，在制定、践行自己人生目标的过程中，希望学生能够把握好“企业家精神”和“工匠精神”的关系，精益求精、追求卓越，用实际行动彰显青年人的个人抱负和家国情怀。

作为高校创新创业教育一线的工作者，希望用绵薄之力，依托“创新创业”教育提升高校毕业生就业质量，为帮助学生遇见更好的自己而不懈努力。

尹胜君

2019 年 8 月